Au nom
de tous les tiens

W0281577

DE LA MÊME AUTRICE

Danbé (avec Marie Desplechin)
Calmann-Lévy, 2011

N'ba
Calmann-Lévy, 2016

Aya Cissoko

Au nom de tous les tiens

Éditions du Seuil
57, rue Gaston-Tessier, Paris XIXe

ISBN 978-2-02-150697-6

© Éditions du Seuil, mai 2022

Le Code de la propriété intellectuelle interdit les copies ou reproductions destinées à une utilisation collective. Toute représentation ou reproduction intégrale ou partielle faite par quelque procédé que ce soit, sans le consentement de l'auteur ou de ses ayant droit ou ayant cause, est illicite et constitue une contrefaçon, aux termes des articles L.335-2 et suivants du Code de la propriété intellectuelle.

www.seuil.com

Tu n'es pas l'enfant de rien ni de personne !

L'affirmation tomba, lapidaire, sans autre formule introductive : « Elle est quand même noire-noire ! » Ma peau est incontestablement « noire-noire », comme le fit remarquer cette femme à son fils quand elle me vit pour la première fois. Nous étions encore dans l'embrasure de la porte d'entrée que déjà, l'hôtesse m'avait jaugée méthodiquement en me balayant du regard, de haut en bas puis de bas en haut. Alors que nous la suivions dans le vestibule menant au séjour, elle se tourna subitement vers son grand garçon qui lui emboîtait le pas pour lui faire la synthèse de son inspection en règle : « Elle est quand même noire-noire ! » J'avais esquissé un sourire en coin, me disant intérieurement que ce dîner de présentation risquait d'être extrêmement long. J'en avais aussi déduit que cette dame possédait une bonne acuité visuelle, ce qui n'est pas rien par les temps qui courent. Nombreux sont ceux qui ne voient pas les couleurs… Quoi qu'il en soit, elle avait eu de la chance que je m'abstienne de lui répondre. Non pas par manque de répartie mais parce que ma mère m'a bien élevée. On doit le respect à nos aînés. « Si rien de gentil ne peut sortir de ta bouche, tais-toi ! » : c'était un avertissement plus qu'un conseil, dont le strict respect s'apparentait à une épreuve le plus souvent insurmontable. Quoique inattendue dans ce contexte précis, cette salve n'avait rien de surprenant. Cette femme, exceptionnelle au demeurant – j'appris à la connaître le temps que dura ma relation avec son fils –, ne fut ni la première ni la dernière à s'arroger le droit de commenter mon physique du seul fait de ma carnation.

Mais l'enjeu est ailleurs ! Le noir de ma peau, en France, est politique. Mon corps est politique. Mon existence en tant que femme noire est politique. Le droit de vivre en tant que Noire est politique. Mon statut de femme noire née au sein de la classe laborieuse est politique. Mon droit de délibérer et de juger ce qui est bon pour moi est politique. Le politique détenant entre ses mains mes conditions d'existence... Mais avant d'en arriver au politique, il m'a d'abord fallu prendre conscience que j'étais noire.

L'attente fut de courte durée. Être un enfant ne protège pas ! Le premier symptôme significatif d'un dysfonctionnement interne surgit inopinément et fut la honte. Un seul remède à mon intranquillité précoce : devenir blanche ! La honte s'installa de manière insidieuse. J'ai d'abord eu honte de ma mère, Massiré Dansira. Mon père, Sagui Cissoko, n'a pas vécu assez longtemps pour que je puisse lui tenir rigueur de quoi que ce soit. Il a été durablement aimé, plus que ma mère, pour compenser son absence. La honte s'est insidieusement installée quand j'ai décrété que Massiré Dansira n'était pas assez bien, qu'elle était en dehors de la norme. Ma mère n'était pas ces « Autres ». Les Autres avaient en commun d'être blancs. Ils parlaient correctement, s'habillaient comme il faut et semblaient porter une attention toute particulière à leur progéniture. J'avais choisi mon camp, celui de la trahison, celui des Autres. Je voulais être ces Autres. Tout semblait beaucoup plus facile chez eux, tout paraissait dans le bon ordre, à la bonne place. À ma décharge, l'école m'avait consciencieusement éduquée dès mon plus jeune âge pour qu'il en soit ainsi. La France m'apprit que pour appartenir à ces Autres, il me faudrait m'assimiler en trahissant mon propre camp. La France m'a fait avoir honte de ma mère. Parce que je n'avais qu'elle sous la main. Et que sa personne concentrait tout ce que nous n'étions pas. Elle n'était pas blanche et n'avait que sa force de travail à vendre. Une femme docile et silencieuse par nécessité, tant qu'on ne lui manquait pas de respect.

Massiré Dansira dut en passer par là pour qu'il en soit autrement pour nous. Je porte encore la douleur d'avoir mal aimé ma mère, pas comme il aurait fallu. Celui d'un amour inconditionnel qui ne souffre aucun calcul. La culpabilité subsiste bien après sa mort. Ma mère s'est démenée tout au long de sa vie pour que nous ne manquions de rien, sans oublier de recourir à Dieu pour que nous devenions quelqu'un. Jamais elle ne transigea avec sa dignité pour arriver à ses fins. Le temps a passé et je commence à comprendre. Massiré Dansira n'était pas l'enfant de rien ni de personne. Massiré Dansira était quelqu'un. Et toi, ma fille, tu appartiens à cette histoire. Ce texte sera probablement le dernier sur l'histoire familiale. Il conclut, en quelque sorte, un long et périlleux parcours initiatique.

Au nom de tous les tiens forme, avec *Danbé* et *N'ba*, un triptyque à ta disposition pour que tu apprennes à ton tour que tu es quelqu'un. *Dɔnniya* ou la connaissance de son histoire ; *yɛrɛdɔn* ou la connaissance de soi-même, dans la langue bambara…

Les supplications implorantes et insistantes de Massiré Dansira furent nombreuses pour me convaincre de devenir mère à mon tour. Mais je ne voulais pas d'enfant. Je me gardai bien de le lui avouer afin de ne pas la tourmenter davantage. Il m'était difficilement concevable que mon ventre puisse se remplir d'une vie. Pour quoi faire ? À quoi bon ? Pourquoi imposer un monde aussi rugueux à un être humain, où chaque victoire est obtenue de haute lutte malgré la somme d'efforts consentie et les humiliations subies ? Quelle mauvaise idée de vouloir un enfant ! J'avais jusqu'à présent engagé mes forces pour assurer ma propre survie, tout en résistant à la folie. Encore que la folie doive être un formidable refuge pour tenir la réalité à distance… Les trêves furent brèves : juste ce qu'il faut de temps nécessaire pour reprendre son souffle et repartir au combat. Alors pourquoi s'encombrer d'une vie dont je porterais la responsabilité et qui viendrait ralentir ma marche en avant ? On ne fait pas la guerre de la même façon quand on a la charge d'un individu : il faut assurer ses arrières pour deux. Devenir mère serait source de trop nombreuses complications. Quelle mauvaise idée de vouloir un enfant !

Je tardai à satisfaire Massiré Dansira jusqu'à ce que l'envie arrive, soudaine, impérieuse, sans même que je m'en rende compte. La décision de t'avoir fut prise avec ton père et je suis rapidement tombée enceinte. Ce serait mentir de dire que j'ai pleinement investi ma grossesse. Ça n'a pas été le cas. J'ai laissé plusieurs mois passer en faisant comme si de rien n'était, ou presque. Et tu as sagement grandi dans mon ventre. Pourtant, après plus de cinq mois de cohabitation pacifique, il m'a fallu aller aux urgences obstétricales pour m'assurer que ton cœur battait toujours. Tu avais cessé de répondre à mes stimuli nocturnes. Depuis peu, j'avais pris l'habitude de palper mon ventre à différents endroits, d'une main plus ou moins ferme, jusqu'à ce que je te débusque et que tu réagisses. Le contact ainsi établi, je pouvais me laisser aller au sommeil, provisoirement rassurée.

Ta naissance est une bénédiction. La bataille fut âpre avec mon corps pour qu'il consente enfin à te faire un passage. Il s'employait probablement à temporiser encore un peu afin de te préserver de ce monde. Les femmes ne se disent pas assez qu'accoucher peut être rude, que l'amour qu'une mère porte à son enfant peut mettre du temps à s'installer. Un délai me fut indispensable pour t'aimer de manière inconditionnelle alors même que tu étais sortie de mon ventre. La crainte de te perdre prématurément, peut-être ? Une des conséquences de l'histoire familiale où la mort n'eut que faire de l'ordre des choses ? Massiré Dansira disait régulièrement : « Tu verras quand tu auras un enfant ! » J'apprends à devenir mère, un peu plus chaque jour. Et je n'ai de cesse de m'inquiéter pour toi. Massiré Dansira disait encore : « On met au monde un enfant pour qu'il devienne quelqu'un ! » L'important, dans cette affirmation, n'est pas la richesse matérielle qui fait d'individus sans qualités des exemples à suivre. Ici, il est question de dignité. On ne devient pas quelqu'un sans dignité.

La dignité est tout ce qu'il reste à ceux qui ne sont rien et ne possèdent rien dans une hiérarchie des hommes faite par quelques-uns pour ces quelques-uns. Il est toujours aisé pour ces derniers de parler de dignité quand leur valeur n'a jamais été mise à l'épreuve. Quand, en l'absence de mérite, l'accès à la postérité s'achète, chez ceux-là les médailles sont souvent affaire de copinage. Ils se les refilent avec une tape dans le dos pour service rendu ou en misant sur un retour d'ascenseur. L'ignorance se mêle à l'arrogance chez ceux qui ne savent que commander et médire, violenter et insulter. Ces quelques-uns ignorent tout du prix à payer pour ne pas perdre sa dignité. Une mort prématurée fut la contrepartie pour que ta grand-mère préserve son honneur en France... Il faudra que tu gardes en mémoire les luttes menées par ceux qui t'ont précédée afin de ne jamais les trahir. « Nos sacrifices ne peuvent être vains, nos souffrances ne peuvent être inutiles », n'avait de cesse de répéter Massiré Dansira. Tu t'inscris dans la lignée de ces femmes devenues puissantes par nécessité.

Votre cohabitation aura duré un an. Massiré Dansira est morte la veille de ton premier anniversaire. La mort eut la délicatesse de s'annoncer, lui laissant le temps d'arranger ses affaires et de s'entretenir avec toi sans que je sache ce qu'elle te dit. Elle te rendit à mes bras en m'ordonnant de disposer. Lors de cet ultime passage de relais entre deux générations, la matriarche te fit probablement des bénédictions protectrices pour une vie sans trop de complications. Et pour que tu deviennes quelqu'un. Mais on ne devient pas quelqu'un en ignorant son histoire, en étant une coquille vide. Massiré Dansira avait coutume de me dire : « Tu n'es pas l'enfant de rien ni de personne ! » À mon tour de te l'affirmer : « Tu n'es pas l'enfant de rien ni de personne ! »

La marge de manœuvre de ma mère pour accomplir son devoir de transmission était étroite. Ici, Massiré Dansira ne valait rien. Au Mali, où elle était née, la France avait entrepris sa mission colonisatrice et civilisatrice à la fin des années 1880. La culture bambara, dont elle était la dépositaire, avait été invalidée depuis belle lurette par les envahisseurs. Les vainqueurs avaient réécrit l'histoire et se chargeaient désormais de la disqualifier méthodiquement en affaiblissant l'autorité de ta grand-mère afin d'imposer la leur à ses enfants. Mais la capitulation n'était pas à l'ordre du jour et ne le serait jamais. L'éventualité même d'avoir à renoncer à ses enfants était inenvisageable pour Massiré Dansira. Il était inconcevable qu'ils grandissent dans la détestation de ce qu'ils étaient. « N'oublie pas que tu es noire ! » Il ne lui restait plus qu'à relever ses manches. La patience et l'endurance furent ses meilleures alliées pour échapper à ce grand malheur. Massiré Dansira nous vanta infatigablement la fierté des origines et l'héritage des Bambaras, dont nous sommes les descendants.

Apprends à ton tour que tu es la somme d'histoires. Le résultat de l'union entre deux parents dont les ancêtres ont connu la colonisation pour l'un et l'Holocauste pour l'autre. Une filiation faite d'humiliations et de mises à mort arbitraires. Tu es le fruit de la résilience de ceux qui t'ont précédée, de leur résistance à la déshumanisation, à l'anéantissement et à la disparition. Tu es la digne héritière de guerrières bambaras qui ont préféré la mort à la honte de la défaite. Je féminise intentionnellement le proverbe qui, à l'origine, parle des hommes : « Les Bambaras sont de vaillants guerriers qui ont préféré la mort à la honte de la défaite. » En vantant le courage des hommes, on passe sous silence le rôle des mères, des sœurs et des épouses qui gèrent l'adversité au quotidien. L'usage du verbe « préférer » dans cet adage ne convient pas non plus. Personne ne fait volontairement le choix d'une vie laborieuse. La vie ne laisse que peu de choix aux femmes qui n'ont de cesse d'occuper anonymement le front. Ta grand-mère a dû continuellement s'adapter à la situation et parer au plus urgent. L'important est que tu retiennes que tu n'es pas l'enfant de rien ni de personne. Tu t'inscris dans une filiation. Tu appartiens à une histoire commune à la France et au Mali.

L'affaire est immuable, femme après femme et de mère à fille. Massiré Dansira fut préparée à mener une vie pénible, le cas échéant. *Munuli*, en bambara, renvoie aux fondements d'une éducation qui ne peut souffrir de l'absence d'un seul de ces principes : la patience, l'endurance, la persévérance et la résistance face à l'adversité. *« I muni ! »* Le rappel aux troupes est fréquent, de crainte qu'un oubli en menace la cohésion. *« I muni ! »* Une injonction faite aux femmes en guise de talisman pour franchir les obstacles tout au long de la vie. Car les épreuves sont nombreuses et elles surviennent sans crier gare, comme une déflagration occasionne son lot de désolation. Mais peu importe ! Le temps manque pour panser les plaies. Comme à l'accoutumée, il faut presque immédiatement se relever et se remettre en ordre de marche sans même prendre le temps de comprendre le pourquoi de la survenue de tel évènement fâcheux. Recommencer encore et encore et aller d'aujourd'hui à demain, puis au jour d'après. Le regard se fait alors plus grave mais le dos est à peine voûté, car les apparences comptent pour contrecarrer les effets du sort. Ces femmes avancent dans la vie drapées dans leur dignité, car les hommes se jouent des démunis et des malheurs qu'on étale. Faire l'étalage de sa douleur interrompt la quiétude des autres. D'ailleurs, on reconnaît ces femmes à leur inflexibilité et à l'abnégation. Les hommes ne manquent pas de louer leur courage et de les prendre pour exemple, à condition qu'elles continuent de se tuer à la tâche tout en se résignant au silence. « *I muni !* Tiens bon ! »

Le destin français de Massiré Dansira est politique. Le 3 juillet 1974, dans un contexte de crise économique, quelques hommes bombent le torse et décident entre eux de la fermeture des frontières afin de mettre un terme aux rêves d'Eldorado d'une masse de corps compacts et indifférenciés à la peau brune. En pleine période estivale, le Conseil des ministres annonce officiellement la suspension de l'immigration. Cette main-d'œuvre corvéable et bon marché, utile pour bâtir la France d'après-guerre, devient trop encombrante en temps de disette.

La loi est adoptée sous la présidence de Valéry Giscard d'Estaing, avec Jacques Chirac à la tête du gouvernement. Mais ça n'est pas assez ! Le pouvoir doit apporter la preuve qu'il maîtrise les évènements et la situation. Alors, il donne des gages supplémentaires à sa population blanche. Il s'adresse aux Autres pour les rassurer en instituant la primauté de leurs vies sur les nôtres. L'unité nationale se construit sur notre dos et au bénéfice de ces quelques-uns. Dans leurs discours, le basané est l'étranger qui vient retirer le pain de la bouche des Français. Il est l'ennemi intérieur dont il faut contrôler le nombre pour éviter l'invasion. La défense des intérêts nationaux et avant tout ceux de ces quelques-uns prévaut sur toute autre considération.

Ce durcissement de la politique migratoire est un échec. Les emplois non pourvus augmentent car les autochtones n'en veulent toujours pas, et l'éventualité d'un nouveau durcissement législatif pousse les hommes à faire venir leurs femmes dans le cadre du « regroupement familial ». Ce principe donne à un exilé le droit à une vie de famille : conjoints et enfants mineurs peuvent dorénavant vivre ensemble. Le Conseil d'État l'érige en principe général du droit en 1978 et en 1993, il devient un principe constitutionnel. Le droit au regroupement familial est aussi protégé par l'article 8 de la Convention européenne des droits de l'homme, qui garantit le droit au respect de la vie privée et familiale. Mais les coupables sont tout désignés par ces quelques-uns. Ils serviront désormais de figures cathartiques à ceux pour qui l'existence d'un responsable est indispensable pour rendre supportables leurs propres frustrations.

Un pauvre n'a jamais son destin en main. La pauvreté commande les trajectoires et mène les misérables là où se trouve la promesse d'une nouvelle aube. Nombreux sont les destins qui se jouent dans la croyance d'une vie meilleure avec le départ pour un pays de cocagne. « La pauvreté nous a poussés à partir », disait Massiré Dansira. La pauvreté expose les damnés aux puissants. Mon père, Sagui Cissoko, appartient au contingent de ceux qui se lancent dans l'aventure. Il arrive en France au milieu des années 1960 et rentre au Mali au début des années 1970 pour épouser ma mère. Il repart en laissant sa jeune épouse derrière lui mais l'exil, synonyme de solitude et de labeur, est violent et douloureux. On ne quitte jamais famille et patrie par plaisir. Dans ces circonstances, mon père décide de faire venir ma mère. Il la veut en France, auprès de lui.

Massiré Dansira n'aimera jamais véritablement la France. Le départ lui est imposé au milieu des années 1970 sans qu'elle ait voix au chapitre. Elle n'a pas tout à fait seize ans quand Sagui Cissoko demande par courrier aux membres de son clan de faire le nécessaire pour qu'elle le rejoigne. À l'annonce de la nouvelle, ta grand-mère ne bronche pas, elle n'oppose aucune résistance : c'est dans l'ordre des choses. « Il faut faire, un point c'est tout ! » Ma mère a stationné un temps à Bamako pour obtenir les documents indispensables à son départ pour Paris. Elle passe de quinze ans à dix-huit ans avec la complicité de l'officier de bureau et peut maintenant prétendre à un visa. C'est ainsi que ma mère naît officiellement vers 1955. Le 1er janvier 1955 pour l'institution française, qui a imposé arbitrairement le premier jour de l'année comme jour et mois de naissance aux exilés qui, comme elle, sont venus au monde à une époque où l'état civil du pays d'origine était balbutiant, voire inexistant. Passeport et visa en poche, Massiré Dansira débarque en terre inconnue. Elle foule du pied le sol français au milieu des années 1970, un après-midi d'hiver, chaussée de tongs et vêtue d'un boubou.

Il est impossible d'oublier d'où l'on vient. Le village de Kakoro Mountan, au Mali, est le paradis perdu de Massiré Dansira. Les siens mènent là-bas une vie modeste où la subsistance est offerte par la terre que l'on cultive en se courbant et en utilisant des matériaux rudimentaires, où la gestion du temps est commandée par les semis et les récoltes. Massiré Dansira s'affairait du lever au coucher du soleil en imitant ses semblables et en obéissant strictement aux règles qui régissent la communauté. Chacun à sa place ! Ta grand-mère aimait à dire qu'elle appartenait à une famille pauvre de cultivateurs mais que jamais la nourriture ne manqua. C'était hélas avant que les hommes n'abandonnent les villages pour la ville, puis pour l'Occident.

L'installation en France de Massiré Dansira ne se fait pas sans mal. La solitude lui pèse, sans compter qu'elle est sans cesse sur le qui-vive pour affronter les nombreux obstacles qui barrent son chemin : entendre une langue qui n'est pas la sienne et dont elle ne comprend rien, se familiariser avec un environnement fait de rues et d'immeubles bétonnés, s'habituer à des sons inconnus, à la promiscuité. *Munuli*, en toutes circonstances – tenir bon. Après avoir pris ses marques, ma mère s'étonnera et résistera à cette construction occidentale du lien social qui place l'individu au-dessus de la communauté des hommes. L'homme blanc défait avec application et succès le fondement de toute société viable : la conscience de l'autre. La religion de l'homme blanc ne peut rien donner de bon !

Le coût de la dignité est exorbitant et la ponction débute à l'entame d'une vie. Notre dignité est mise à rude épreuve dans ce pays. Être un enfant ne protège pas ! Un sentiment diffus de danger plane au-dessus de nos têtes. Cette insécurité se matérialise dans les propos empreints de gravité de Sagui Cissoko. Il veut nous prémunir d'un risque imminent et permanent. L'immeuble parisien que nous occupons dans le 20e arrondissement est habité presque exclusivement par des exilés. Des hommes célibataires et plusieurs familles. Les loyers se paient de la main à la main au propriétaire. Un couple de Blancs fait exception au milieu des peaux brunes. Il occupe un appartement au dernier étage de notre bâtiment sans ascenseur, qui en compte sept. Nous habitons le studio en dessous du sien. Mon père nous met en garde : « N'allez pas là-bas ! Ils ne nous aiment pas ! » Mes souvenirs sont confus mais le couple fait des messes basses quand on le croise, marmonne je ne sais quoi dans notre dos. Je m'en fiche ! le monde des adultes n'est pas encore le mien. Mais cet avertissement revient avec insistance dans la bouche de mon père, comme il reviendra par la suite de façon récurrente dans la bouche de Massiré Dansira. « Nous ne sommes pas des Blancs ! Nous ne sommes pas eux. Il faut vous en méfier. Restez sur vos gardes ! » Le Blanc représente à la fois l'autorité et l'arbitraire. Il a le pouvoir de rendre notre vie plus difficile qu'elle ne l'est déjà.

Le Blanc rend fébriles les hommes adultes les plus téméraires de notre famille. Difficile exercice que celui d'équilibriste où l'on se soumet à son corps défendant... Mais comment faire autrement quand la main qui participe de votre humiliation est celle qui vous donne à manger ? Quand le Blanc détient entre ses mains ce qui vous reste de dignité ? Sagui Cissoko tentera de se défaire de cette autorité inique. Viré ! Le contremaître de chez Renault où il travaille sous le matricule 149621 n'apprécie pas ce jeune homme noir qui discute ses ordres. Il doit faire taire toute velléité de résistance chez ces corps dont le quotidien importe peu : seule compte l'exploitation de leur force de travail. Viré ! La leçon servirait aux autres, si l'idée leur venait de se plaindre de leurs conditions de travail. Pour prouver sa soumission, il faut scander du « Oui monsieur ! » avec entrain. Nombreux sont les prétendants dociles qui ne rechigneraient pas à prendre la place qui se libère. La France fait des corps noirs une masse interchangeable. C'est ainsi que ton grand-père travaille sous le nom d'un autre. Son frère aîné lui prête ses papiers d'identité. Après un temps de labeur, l'un rentre au Mali, l'autre prend sa place en France et vice-versa, pour que les flux d'argent ne s'interrompent jamais. C'est sous l'identité de son frère que ton grand-père mourra. Sagui Cissoko est enterré en France sous le nom de Karounga Cissoko.

L'ignorance n'est pas une excuse valable dans ce pays. Elle est même une circonstance aggravante quand vous n'êtes rien dans la hiérarchie des hommes. Elle anéantit tout espoir de changement et vous expose à de nombreux dangers, en plus de faire de vous un être corvéable à merci. Massiré Dansira l'apprit à ses dépens. J'étais régulièrement témoin de ces situations où on l'humiliait. Le souvenir le plus lointain est celui d'un rendez-vous administratif. Ce jour-là, pour honorer son rendez-vous, ta grand-mère prend le métro pour la première fois sans être accompagnée d'un autre adulte. Elle a l'obligation de faire acte de présence pour ne pas risquer de perdre les allocations indispensables à la survie quotidienne. Ma mère porte ta tante sur le dos et nous marchons, ton oncle et moi, à ses côtés. La non-acquisition de la lecture ne nous permet pas de l'aider à dompter ces dédales de couloirs souterrains. Mon frère doit avoir six ans et moi, cinq. Peut-être même un peu moins ? L'analphabétisme oblige à la débrouille. Pour se faire aider, Massiré Dansira tend à des voyageurs plus ou moins coopératifs le bout de papier sur lequel est inscrite l'adresse du rendez-vous. L'expédition se complique quand elle croise la route d'un contrôleur. Il lui réclame ses titres de transport. Elle lui tend un ou plusieurs tickets jaunes. Il y a apparemment un problème. Il se met à débiter des mots dans une langue qu'elle ne comprend pas. Nous traduisons avec les moyens qui sont alors les nôtres. Nous sommes nés à Paris et l'apprentissage de la langue française est indolore, tout comme notre initiation au bambara : le français dehors et le bambara à la maison. L'homme en uniforme continue sa logorrhée triomphante, sourire aux lèvres. Massiré Dansira est contrariée. Mon regard passe de l'un à l'autre. L'agent finit par la verbaliser. Elle est défaite à plusieurs titres. Il va falloir débourser de l'argent qu'elle n'a pas. Mais à cet instant précis, l'aspect financier compte peu. En revanche, ma mère ne supporte pas d'être humiliée publiquement. Elle ne peut admettre que sa figure d'autorité soit entamée en présence de ses enfants. Une fois encore, elle comprend que chacun de ses contacts avec l'extérieur représente un danger. Ta grand-mère doit être en règle tout le temps.

Après cette altercation, le trajet du retour est silencieux. Les enfants savent qu'ils ont tout intérêt à se tenir tranquilles pour que la colère ne s'abatte pas sur eux. Les adultes ignorent souvent quoi faire des attaques dont ils sont victimes et qui portent un coup à leur amour-propre. La figure du Blanc est bien trop menaçante, les conséquences éventuelles à assumer bien trop importantes, pour se rebeller tapageusement contre lui. Il leur faut pourtant réussir, d'une manière ou d'une autre, à se défaire de ce fardeau. Qu'en faire, comment en contenir les manifestations, si ce n'est en s'en prenant à soi-même ou à ceux sur qui on est censé veiller ? Ou alors en s'accrochant ardemment à cet ailleurs où on est quelqu'un. Massiré Dansira n'était pas l'enfant de rien ni de personne. Elle s'inscrivait dans une filiation et une histoire. Elle était quelqu'un !

Ce type d'expérience douloureuse se répétera en d'autres circonstances. Les interactions avec certains représentants des administrations publiques en étaient un excellent pourvoyeur. Je suivais souvent ma mère à contrecœur dans ses démarches, avec un rôle clairement défini : traductrice. Aux guichets, nous subissions régulièrement la condescendance des agents qui nous tutoyaient et nous parlaient en « petit nègre ». Les injonctions ou réprobations étaient souvent les mêmes : « Vous, donner papier ! », « Vous, attendre ici ! », « Vous, pas comprendre ? ». Et comme si ça ne suffisait pas, il nous fallait aussi endurer leur impatience et/ou leur exaspération, qu'ils ne se gênaient pas pour exprimer alors qu'ils étaient payés au temps de présence et non à la tâche ou au rendement. Ta grand-mère m'ordonnait systématiquement de répéter ce qui avait été dit car elle voulait comprendre. Peu lui importait le trop souvent entendu « Allez, allez, faut se dépêcher ! ». Ma mère ne savait ni lire ni écrire mais elle n'était pas bête pour autant, et elle pouvait agir à condition qu'on prenne le temps de lui expliquer les choses.

Les tentatives pour me démarquer de Massiré Dansira furent nombreuses. À plus d'une occasion, j'ai pris le parti de l'assaillant. J'ai eu honte de ma mère. Je ne voulais pas être confondue avec ma mère. Je ne voulais pas être vue avec ma mère. Alors, pendant un temps certain, j'ai mal aimé ma mère. Parce que je n'ai pas su immédiatement que j'étais noire. Du moins, j'ai obstinément refusé de regarder la réalité en face en tentant vainement d'ignorer ce que la couleur de ma peau faisait de moi. J'avais à ma décharge un quotidien qui me laissait croire le contraire. J'étais allée à l'école avec les Autres, j'avais mangé et joué avec ces Autres, j'avais même fait l'amour avec certains d'entre eux, dont l'un avec qui je t'aurai.

L'absence d'éducation scolaire de Massiré Dansira, au Mali comme en France, compliquait indubitablement son quotidien. Ma mère ne savait ni lire ni écrire, mais elle n'était pas une bonne à rien pour autant. Une mémoire prodigieuse lui permettait de développer de nouvelles compétences pour accéder à un maximum d'autonomie et limiter les interactions problématiques. Tenir un budget au centime près jusqu'à la prochaine paye, retenir les trajets indispensables, déchiffrer les étiquettes utiles à la bonne exécution de son travail ou à la prise journalière de ses médicaments… Massiré Dansira tenta à plusieurs reprises de remédier à son analphabétisme en s'inscrivant à des cours donnés par des associations de quartier, mais l'urgence du quotidien finissait toujours par gagner la bataille. Il y a des priorités à respecter en France, comme payer le loyer, nourrir les bouches à charge, payer ses impôts, envoyer le peu d'argent économisé à ceux restés au pays. Ta grand-mère était trop épuisée pour s'astreindre à encore plus d'efforts.

Femme de ménage est un métier ingrat. Nettoyer chez des inconnus et continuer une fois rentrée dans son propre foyer. Faire et recommencer sans cesse. Le travail est sans fin… Ta grand-mère s'est pliée en deux presque toute sa vie pour effacer toute trace du passage d'inconnus. Elle était payée une misère malgré le cumul, parfois, de plusieurs contrats. Massiré Dansira appartenait au camp des travailleurs invisibles. De ceux qui nettoient votre crasse avant votre arrivée et recommencent après votre départ. Elle a longtemps été en colère contre les crasseux avant de se faire une raison. Les crasseux ne veulent pas savoir que quelqu'un nettoie après leur passage pour que cela n'entrave pas leur liberté de se répandre comme des porcs. Elle a nettoyé presque toute sa vie en insultant les crasseux. Massiré Dansira a dû en passer par là pour qu'il en soit autrement pour ses enfants.

Le respect de quelques règles élémentaires évite à Massiré Dansira des complications supplémentaires. La plus importante d'entre elles consiste à rester à sa place. Être une travailleuse silencieuse qui se satisfait de son sort tout en se montrant reconnaissante envers ce pays qui lui donne accès à une vie décente. Ta grand-mère fait parce qu'il faut faire ! C'est le coût de la dignité malgré un corps qui s'use au fil des ans, dans l'indifférence. La France ignore les « rien du tout » car leurs corps sont ceux que l'on continue à exploiter. Massiré semble inoffensive mais elle résiste. Elle serre les poings et les dents. « Qui va faire pour nous ? Il faut faire, un point c'est tout ! »

Les grands de ce monde n'ont pas nos visages. Les parcours de Sagui Cissoko et de Massiré Dansira importent peu pour le récit officiel. Tu ne trouveras dans les livres d'histoire que quelques rudiments de leurs contributions à la France. Dans sa chanson *Tenir debout*, l'artiste Rocé feint de s'interroger : « Où sont nos histoires ? On ne sait rien de nous. Des peuples sans mémoire deviennent des peuples de fous. On perd tout espoir, on a que du dégoût. Couteau dans le cou, il faut tenir debout [...]. Ils ont cassé la chaîne pour pas que l'on se rappelle. Pour pas qu'on se souvienne que nos aïeux étaient balèzes. » Ces vies ne sont pas celles qu'on nous donne à voir ou à entendre. Leurs visages sont consciencieusement gommés de la narration collective. Le blanchiment des troupes coloniales dans les représentations est encore imposé à ces individus. Leur présence est pourtant nécessaire afin de maintenir la grandeur de ce pays et conforter les Blancs dans une supériorité fantasmée. La domination se construit toujours au détriment d'un autre. Et cet autre a mon apparence, le corps de mes parents. Le pays hôte aime les couleurs chatoyantes du boubou de Massiré Dansira, l'odeur d'encens qu'elle balade malgré elle et qui les emporte dans des contrées lointaines. Il aime l'exotisme de ta grand-mère mais le reste lui importe peu : ça ne l'intéresse pas ! Élargir ou diversifier les figures héroïques en faisant cohabiter les récits est le minimum que l'on puisse faire dans ces circonstances. Sagui Cissoko et Massiré Dansira ont contribué à faire ce pays.

La colère est l'ultime rempart de ceux qui ne sont rien. La colère de ta grand-mère ne se dit pas sur le moment. Elle fait trembler chaque muscle dans un bruissement sourd, raidit le corps tout entier, laisse entrevoir un rictus douloureux et amer. La colère l'accompagne longtemps après le face-à-face avec le contrôleur, qui se rappellera régulièrement à son souvenir. Ce jour-là, un sentiment intense d'humiliation s'est mêlé à sa colère. Être à la merci d'un inconnu lui était tout bonnement insupportable. Et un tel danger pouvait survenir soudainement et porter un coup fatal à l'estime qu'elle se portait. Ma mère a dû supporter sa vie entière le mépris et l'arrogance du Blanc.

La colère est l'une des réponses instinctives et immédiates à l'injustice. La colère précède l'action. Il n'y a pas d'action, pas de changement, sans colère. La colère devance une éventuelle résignation et se transmet de génération en génération. Elle est le refuge de ceux qui ne possèdent rien dans un monde fait par quelques-uns, pour quelques-uns. Comment en faire l'économie quand on n'est rien dans la hiérarchie des hommes ? Massiré Dansira est en colère et je le suis à mon tour. « Nos sacrifices ne peuvent être vains ! Nos souffrances ne peuvent être inutiles ! » Cette colère abîme tant que les mots ou l'action manquent pour l'extraire de la chair. Il est presque impossible de s'en défaire complètement. Il a fallu que mon corps me lâche pour que je m'arrête et que je prête attention à ma colère, que je la questionne. Prendre le temps nécessaire pour creuser jusqu'aux racines du mal...

Il y a eu les morts, évidemment, je vais y venir. Mais cette évidence n'explique pas à elle seule ma colère. L'absence d'issue l'entretenait également. On ne peut pas passer sa vie au combat sans obtenir une trêve. Même le plus vaillant des guerriers a besoin de déposer les armes. Or le pays ne laisse que peu de répit à nos corps non blancs. Il aime les hiérarchies bien installées. Être une enfant ne protège pas ! Les destins s'écrivent dès l'entame d'une existence et les institutions sont là pour veiller au respect de l'ordre des choses. Ta grand-mère a vite compris que la France ferait peu de cas de ses enfants pauvres et noirs qui sont les nouveaux prolétaires. Mais à chacun sa mission. Il est impossible de mener plusieurs batailles à la fois quand les munitions manquent. À elle de pourvoir à nos besoins élémentaires, à nous de nous débrouiller pour devenir quelqu'un. « Devenez quelqu'un ! », avait-elle coutume de nous dire.

Ma colère est légitime. La dureté du quotidien entretient ma colère. Ma colère est permanente et sans issue immédiate. Sans compensation. Le coût humain la justifie. La douleur d'avoir mal aimé ma mère l'explique aussi. Les précautions de langage qu'il me faut sans cesse prendre pour exposer les raisons de ma colère m'épuisent et la nourrissent. Ma colère est légitime et elle est une des réponses aux institutions qui n'ont eu de cesse de nous faire croire que nous étions les seuls responsables de la situation. Ma colère est une réponse à ce pays qui a décidé de nous faire unilatéralement la guerre. Une guerre sans adversaire physique véritable, une guerre larvée, une guerre d'usure. Nous subissons l'arbitraire d'un État qui, au travers de ses institutions, concourt à nous rendre la vie plus difficile qu'elle ne l'est déjà. À rendre notre marge de manœuvre toujours plus étroite. Ma colère est légitime car nous subissons l'arbitraire d'un pays qui n'a jamais misé sur nous et qui n'attend rien de nous. Ou alors que nos échecs justifient que nous devenions à notre tour des corps laborieux, des corps que l'on exploite de génération en génération. Être un enfant ne protège pas !

L'entreprise de disqualification débute précocement afin de préserver l'ordre social existant et justifier les hiérarchies futures. En d'autres termes, à maintenir le statu quo. Ma colère est légitime car la France nous oblige à mener une guerre pour survivre et ne pas perdre notre dignité. Être né sur le territoire hexagonal ne protège pas de l'arbitraire raciste.

Faire des études ne protège pas non plus. La classe n'efface pas la race ! Le noir de ma peau m'expose à l'arbitraire raciste. J'étais jusqu'à il y a peu persuadée que seule la dignité était ma colonne vertébrale. Mais la colère participe elle aussi à me faire tenir debout.

« La pauvreté nous a fatigués », disait ta grand-mère. Incontestablement ! Mais elle n'explique pas à elle seule la mort prématurée de Sagui Cissoko, Massou Cissoko, Moussa Cissoko et Massiré Dansira. « La faute à pas de chance » n'a rien à faire non plus dans notre affaire. La dimension raciale est en revanche primordiale dans la compréhension des évènements passés et actuels. « N'oublie pas que tu es noire ! » La race n'existe pas en tant que réalité biologique, mais le recours à cette notion est nécessaire quand elle revêt une fonction explicative. « Je suis la race que l'autre, à partir de lui-même, a voulu construire[1] », écrit l'auteur et professeur de langue et littérature allemandes El Hadji Ibrahima Diop. Le Noir est une construction du Blanc. Les deux naissent en même temps pour justifier la domination de l'un par l'autre. Vouloir en interdire l'usage n'annule pas pour autant les expériences vécues par les individus qui en subissent les effets, bien réels. La race n'existe pas mais elle tue ! Sagui Cissoko et Massou Cissoko ont été assassinés dans la nuit du 27 au 28 novembre 1986. Des individus ont mis le feu à notre immeuble de la rue Tlemcen, dans le 20e arrondissement. On dénombre trois adultes et cinq enfants parmi les morts, dont ton grand-père et Massou Cissoko, ta tante. Moussa Cissoko, ton oncle, est quant à lui mort sur le dos de ta grand-mère moins d'un an plus tard, le 30 octobre 1987 à l'âge de quatre ans, d'une méningite mal diagnostiquée. Notre mère l'avait pourtant emmené la veille aux urgences pédiatriques. Une boîte d'aspirine devait suffire pour le guérir. Dans ces deux affaires, il n'y eut pas de coupables.

Massiré Dansira est morte prématurément car lutter pour ne pas perdre sa dignité épuise. Car il lui a fallu batailler pendant près de dix ans auprès des tribunaux pour qu'un juge la reconnaisse comme une victime de l'incendie qui lui coûta son mari et sa fille. Massiré Dansira est morte prématurément car elle a dû travailler malgré une insuffisance rénale pour que ton oncle et moi ne manquions de rien. Massiré Dansira est morte prématurément car elle n'a eu de cesse de s'inquiéter pour ses deux enfants encore vivants. Nos morts ne sont pas les enfants de rien ni de personne ! Nos morts s'inscrivaient dans une histoire, une filiation. Ils étaient des hommes.

Notre histoire familiale en France est dense, étourdissante, intimidante. Notre expérience concentre à elle seule tout ce que ce pays produit de racisme structurel et de discriminations systémiques. Je n'en ai pris la mesure que tardivement. Car quand vous vous retrouvez cerné par le malheur, la priorité n'est pas de questionner le pourquoi de la survenue de tel ou tel évènement mauvais, mais d'aller d'aujourd'hui à demain. Et de ne pas être une victime. Cette injonction à ne pas subir les évènements émanait d'abord de Massiré Dansira : « Il faut faire, un point c'est tout ! » La société nous sommait elle aussi de ne pas interroger les évènements, mais pour d'autres raisons. L'État, au travers de ses institutions, a tout intérêt à ce que nous renoncions au statut de victime. Car une victime dont on ignore le préjudice subi ne peut prétendre à la réparation. Pas d'affaire, pas de responsable, pas de prise en charge : l'impunité pour les coupables. Rien ne change. Or nous sommes des victimes ! Et à ce titre, il est nécessaire de revendiquer et d'assumer ce statut. C'est aussi une réponse à ceux qui manipulent les mots : oui, nous sommes des victimes ! Nous sommes en premier lieu les victimes de ce système qui offre l'impunité aux coupables et oblige l'autre camp à batailler pour gagner ce statut. Presque dix ans de combat ont été nécessaires pour que l'institution judiciaire nous reconnaisse comme victimes d'un incendie criminel. De longues années à vivre au rythme d'une procédure sans fin où nos humeurs étaient arrimées à des décisions qui se suivaient et ne se ressemblaient pas. Une procédure qu'il fallait financer en empruntant à la banque car la justice coûte cher, qu'un conseil se paie, tout comme les experts et leurs rapports d'expertise. Il y avait aussi la traduction de documents qu'un enfant ne devrait jamais avoir à lire, mais nous devions pallier l'analphabétisme de Massiré Dansira. Il n'y a pas de honte à être une victime ! C'est un préalable pour être reconnu dans ses droits, notamment le droit à la préservation de son intégrité physique et morale. Conquérir ce statut est une confirmation de sa citoyenneté et, avant tout, une affirmation de son humanité pleine et entière.

Toutes les vies ne se valent pas en France. Ce pays nous veut à la marge. Nous grandissons à la marge. Nous évoluons à la marge. La France nous assigne à résidence par une occupation contrainte de l'espace. Après le meurtre de ton grand-père et de ta tante dans l'incendie, nous emménageons dans un HLM à à peine plus d'un kilomètre. La veuve doit pouvoir payer son loyer ! C'est tout ce qui importe à l'institution. Ce sera donc là où se concentre la misère de ceux qui ne possèdent rien, ou si peu. Là où la grande majorité des Blancs ont fui dès qu'ils en ont eu l'occasion et les moyens, pour ne pas se mélanger à nous. Plus tard, les Autres reviendraient prendre leur revanche en gentrifiant ces espaces qu'ils nous avaient abandonnés.

Le lieu est sinistre. Une forteresse où même la lumière hésite à pénétrer de peur d'être prise à son tour au piège. Une succession d'immeubles de briques rouges serrés comme les barreaux aux fenêtres. L'absence d'espoir n'est pas sans conséquence sur les hommes. Ceux qui habitent les lieux participent à la dégradation matérielle avant de s'attaquer à leur propre corps. Ils éventrent ou font tomber les portes des halls d'entrée en bois qui donnent accès aux appartements, détruisent la plupart des éclairages des parties communes, noircissent les murs de leurs frustrations et de leurs oppressions. « Je te baise ! » « Nique la police ! » D'autres, ou les mêmes, vomissent, urinent et défèquent sur le sol de leur lieu de détention. Certains, enfin, retournent cette violence contre eux-mêmes pour tuer ce qui leur reste de lucidité. L'héroïne coule dans leurs veines. Nous ne sommes pas tout à fait à la fin des années 1980. C'est une véritable hécatombe. Des gamins tombés au front sans même connaître l'ennemi. Ils faisaient partie des « grands » de la cité. Des grands frères et des grandes sœurs morts dans une guerre qui ne dit pas son nom. On ne parle pas assez de ce que l'héroïne a créé de malheur dans nos quartiers et dans les familles. Être un enfant ne protège pas ! Nous ramassons les seringues qui jonchent les trottoirs de la cité ou les cages d'escalier pour les apporter au gardien qui en remplit son collecteur. Les ombres des morts ou de ces presque-morts hantent les lieux. Elles nous poursuivent et nous terrorisent.

Les ombres surgissent soudainement. N'importe où, n'importe quand. L'une d'elles, bien vivante, s'agite au beau milieu de la cage d'escalier. Ma stupéfaction est grande de la trouver là en prenant à toute vitesse l'un des virages indispensables à ma progression verticale. Encore deux étages à gravir pour atteindre le quatrième et je serai en lieu sûr à la baraque. S. semble chercher quelque chose. La tactique du caméléon qui consiste à me confondre avec le mur tout en retenant mon souffle dans l'espoir d'être ignorée est un fiasco. À peine l'ai-je dépassée qu'elle me parle : « Putain ! » Je m'arrête à contrecœur, prends mon temps pour lui faire face et me concentre pour l'écouter. S. a fait tomber le fermoir de sa boucle d'oreille et me demande de l'aider à le retrouver. Je ne bouge pas. « T'as peur ? T'inquiète pas ! Ça s'attrape pas comme ça ! » Je ne comprends pas et reste immobile. S. continue : « C'est pas comme ça qu'on attrape le sida. » Je comprends mieux, mais pas tout à fait. Rien ne m'importe plus à cet instant que de rentrer chez moi. S. et tous ceux comme elle me terrorisent. Leur comportement est imprévisible. Mon corps se remet timidement en mouvement. Nous sommes maintenant deux à chercher ce fermoir. Je le trouve, le lui tends et lui dis sur un ton compatissant : « Je sais que ça s'attrape pas comme ça. » La vérité, c'est que je ne le sais pas vraiment, j'ai même pas dix ans. S. sourit, momentanément rassurée. Je lui souris en retour avant de lui tourner le dos pour reprendre mon ascension.

J'ai haï la cité, mais pas ses habitants. Avec quelques-uns, nous veillons encore aujourd'hui les uns sur les autres depuis tout ce temps. Mais j'ai haï cette concentration de violence et de corps abîmés, toutes ces morts prématurées. Ils étaient nombreux comme S. Une génération sacrifiée, précédée par d'autres et auxquels d'autres succéderaient. J'ai haï les murs de la cité, la misère, l'absence de perspectives, la difficulté de percevoir une lueur d'espoir. L'annonce de notre adresse provoquait la crainte et la méfiance chez les autres. « C'est chaud là-bas ! » Innocents mais déjà marqués au fer. Il nous était possible d'aller et venir mais certains ne prenaient pas le risque de se perdre chez les autres. C'était trop différent chez eux et nous étions malgré tout en sécurité entre nous. La galère rapproche. On s'habitue à la laideur. Elle devient la norme. On s'y accommode. Cette violence s'entretient même chez certains, pour rendre la vie supportable. Pourquoi s'opposer quand Dieu lui-même n'est pas obligé[2] ?

Dans ces circonstances, la folie a longtemps été en embuscade chez moi. Mais les morts ne suffisent pas à expliquer cet état. Les disparus ne peuvent à eux seuls justifier ma colère nourrie par le désespoir, pas plus que l'état de ta grand-mère qui priait à haute voix pour se faire entendre de Dieu et de nous afin que lui soient épargnées des épreuves supplémentaires. Les morts remplissent l'espace de leur présence malgré leur absence. Bien plus que s'ils avaient été là en chair et en os. On sait qu'on a vraiment aimé les gens quand ils ne sont plus là, à cause du manque. Ou parce qu'on les a mal aimés et qu'il est maintenant trop tard pour faire autrement. J'ai voulu mourir à plusieurs reprises sans en avoir le courage. Mais je n'avais pas renoncé à savoir ce qui se cachait derrière la mort. J'ai voulu lui faire face et la défier. J'ai voulu la voir en l'infligeant à un autre. Je n'avais pas neuf ans et ce besoin s'était emparé de moi dans une pulsion soudaine. Il y avait cet enfant, pas très loin, qui jouait seul. Les lieux étaient inhabituellement vides. « Viens ! Viens ! » Je lui ai fait signe de me rejoindre. À cet instant précis, je savais ce que je voulais : l'étrangler, serrer son cou entre mes mains. Rien d'autre ne comptait que de voir la mort de mes deux yeux. En découdre. Cet autre enfant devait être mon intermédiaire. Lui aussi m'avait longuement observée. Je ne sais pas ce que disait mon corps à ce moment précis, ni ce que disait mon regard. Ma proie a fini par me dire non de la tête et a pris la fuite. J'aurais pu tuer, ce jour-là. Il fallait que quelqu'un paie pour ma colère nourrie par le désespoir. Pour la perte de mon paradis perdu. Je voulais voir la mort pour lui demander des comptes. Est-ce cela, la folie ?

Récemment, tu m'as demandé pourquoi ce qu'on a tant voulu et attendu ne dure jamais quand ça arrive. Je t'ai répondu : « L'important est que ce moment ait existé. » Parce que la mémoire est le témoin du temps passé. Le réceptacle des évènements et des individus qui ont existé. Il est possible de se remémorer ces souvenirs, bons comme mauvais. Et, pourquoi pas, de faire le choix de les écrire pour ne jamais les perdre.

Le souvenir des miens m'a sauvée, tout comme le refus d'obtempérer de cet enfant. J'ai le souvenir réconfortant d'un passé dans lequel j'ai été aimée inconditionnellement avant que des inconnus assassinent Sagui Cissoko et Massou Cissoko. Ce passé a bel et bien existé et c'est tout ce qui importe ! Je suis vivante et je me rappelle ce temps d'avant le drame. Il est la preuve qu'un autre monde a existé. Le souvenir me permet d'appréhender le temps présent en le rendant supportable. Ce passé était la lueur indispensable pour traverser ce long purgatoire et ne pas perdre mon humanité tout en résistant à la folie. Massiré Dansira, quant à elle, s'est tuée à la tâche pour que nous ne manquions matériellement de rien.

À plus d'une occasion, ta grand-mère nous a dit : « Je serais déjà morte si vous n'aviez pas été là. »

Ne te méprends pas : je ne t'ai pas mise au monde pour que tu me sauves. L'envie d'enfanter a été plus forte que mes craintes et j'ai mûrement réfléchi cette décision. Ma satisfaction fut d'autant plus grande que tu étais une fille, et que je voulais une fille. J'ai toujours pensé que les femmes de la famille étaient plus courageuses que nos hommes. Après la première échographie, l'annonce de ton sexe n'a pas surpris Massiré Dansira : « Je le savais ! J'ai rêvé d'elle. Ta fille est venue me voir dans mon sommeil. » Il arrivait parfois à ta grand-mère de voir des choses. Elle s'inquiétera pourtant de ma propre clairvoyance. L'ignorance peut être un état confortable. On n'a pas à se préoccuper de ce qu'on ne sait pas. La vie est vraisemblablement plus paisible ainsi. Ce que j'essaye de te dire maladroitement, c'est que ta présence au quotidien m'oblige à faire face en étant dans la vie et avec les hommes, bien qu'il faille parfois beaucoup de courage pour cohabiter avec eux. Il est de ma responsabilité de m'assurer que tu ne manques de rien, tant affectivement que matériellement, comme Massiré Dansira en son temps. Un enfant oblige à penser le temps présent et à se projeter dans le futur. Je veux te voir grandir et te voir devenir quelqu'un. Ta grand-mère insistait pour que je devienne mère afin de ne pas renoncer à cette vie. Parce que c'était dans l'ordre des choses, aussi. Il m'a fallu beaucoup de temps pour me résigner à prendre en charge ma santé mentale. Ce ne fut jamais le cas de Massiré Dansira, pour qui il fallait faire, un point c'est tout. Je sais dorénavant pourquoi elle n'avait de cesse de répéter que nous l'avions sauvée. Mais te concernant, je ne peux concevoir que ton existence puisse se réduire à résister. Cette éventualité m'est tout bonnement insupportable. Nos souffrances ne peuvent être inutiles ! Les morts prématurées de Sagui Cissoko, de Massou Cissoko, de Moussa Cissoko et de Massiré Dansira ne peuvent être inutiles ! Tout comme celles du côté de ton père, je vais y venir.

La France nous veut reconnaissantes de ses bienfaits. Le pays nous veut indéfiniment redevables. En dépit de nos disparus. Malgré le sacrifice d'une partie de la jeunesse de ton grand-père paternel, Faly Cissoko, qui fut enrôlé dans une guerre qui n'était pas la sienne. La France nous veut corvéables, et que nous nous abstenions de lui demander des comptes. Mais ça n'est toujours pas assez pour elle. Nos victoires arrachées de haute lutte doivent aussi être les siennes. La France doit être gagnante à tous les coups. Je l'apprends publiquement, sur le terrain, à mes dépens. Lors de la promotion de mon premier livre, *Danbé*[3], je ne connaissais rien au jeu médiatique. Je ne m'attendais candidement à rien à la sortie de l'ouvrage. Mais lors de cette émission culturelle et politique hebdomadaire, j'ai compris qu'on me demandait de faire allégeance à une République fantasmée censée sauver des enfants comme moi, nés de parents noirs et analphabètes. Une République une et indivisible censée permettre à tout un chacun de s'extraire de sa condition sociale. Des institutions qui, toutes ensemble, concourraient à l'émancipation d'enfants comme moi. À cet instant et à mes dépens, J'en suis malgré moi l'exemple vivant. La République confisque aux miens ses mérites. Ce ne sont plus les sacrifiés, les sacrifices de mes parents qui justifient ma présence sur ce plateau. La salve est inattendue et violente. Assommée, je bafouille difficilement que « rien n'aurait été possible sans ma mère » à ce politicien qui me parle d'intégration et pour qui je serais un modèle d'intégration. Intégration. Le mot est lâché ! Les corps non blancs sont perpétuellement condamnés à devoir s'intégrer encore et encore, tel Sisyphe, alors que nous sommes nés sur le territoire français. Je suis à cet instant un butin de guerre brandi par ces quelques-uns pour se dégager de leurs fautes et maintenir le statu quo. Nous sommes les seuls responsables de nos échecs. Circulez, y a rien à voir !

Les mots sont nécessaires mais il faut se méfier de ceux qui les manipulent pour asseoir leur domination, en livrant un récit parcellaire, voire falsifié. Les mots sont vides de sens si on ne les confronte pas à l'expérience des hommes. Faire l'économie de cette étape revient à ne parcourir qu'une infime partie du chemin vers la connaissance et à ne pas savoir grand-chose. Retourner sur le terrain, auprès des miens en quelque sorte, m'a sortie brutalement d'un long déni. Il m'a obligée à reconsidérer mon passé et a largement participé à ma compréhension des mécanismes de disqualification d'une partie de la jeunesse et de la population de ce pays.

Avec la sortie du livre, des établissements scolaires, situés majoritairement dans des quartiers populaires, me demandent de raconter mon parcours à leurs élèves. Ma condition d'autrice noire encore en vie, fille de parents maliens analphabètes, ayant grandi en cité et trois fois championne du monde de boxe, est censée faciliter le processus d'identification. Mais l'injonction « quand on veut on peut ! » a ses limites. Elle fonctionne difficilement face à la précarité des familles, quand les établissements scolaires sont cernés par des barres d'immeubles, à distance raisonnable des transports en commun et des infrastructures publiques. À distance raisonnable des Autres. Comme si un cordon sanitaire avait été établi entre eux et les Autres.

L'accès à l'éducation est paradoxalement un des leviers de la domination. À quoi bon investir dans la nôtre quand nos corps sont destinés à enrichir une poignée de ces Autres ? L'école est obligatoire : l'institution fait avec ! Elle participe au tri entre le bon grain et l'ivraie dès l'entame de notre parcours entre ses murs. Quelques hommes et femmes qui la font vivre accompagnent les plus doués, déterminés et endurants. Le mythe d'un mérite républicain est sauf ! À Paris, au milieu des années 1980, l'école publique séduit encore, nos peaux brunes sont minoritaires dans les classes. Avec Rabah, dont les parents sont maghrébins et pauvres, nous passons l'année scolaire du CP au fond de la classe. Un prélude à notre vie à venir ? Le maître fait peu de cas de notre présence tant que nous ne perturbons pas sa classe. Nous obtempérons, silencieux, en attendant que le temps s'égrène et nous libère pour nous rendre à la vie du dehors, dont nous maîtrisons les contours.

L'année prend fin et je passe en CE1. Il n'y a pas de satisfaction personnelle ou familiale à passer d'une classe à l'autre. Les enjeux et les stratégies éducatives échappent aux adultes qui n'ont jamais mis les pieds à l'école. Les parents n'ont d'autre choix que de s'en remettre au corps enseignant, en plaçant en eux une confiance aveugle : « Il faut bien écouter à l'école ! », disent-ils en agitant un index sévère. Ils partent du postulat que la communauté des adultes est collectivement responsable des enfants et qu'entre leurs mains, rien de mal ne peut arriver à ceux-ci. Les parents peuvent ainsi s'affairer à surmonter les difficultés parfois insurmontables du quotidien délestés d'un poids. Massiré Dansira avait compris bien vite que la France ferait peu de cas de ses enfants pauvres et basanés. « Débrouillez-vous mais devenez quelqu'un ! », nous disait-elle fréquemment.

La maltraitance physique est l'une des conséquences de ce traitement différencié. Un matin, l'instituteur me convoque à la récréation. J'ai sept ans et nous nous faisons face dans le huis clos de la salle de classe. Il me réclame depuis plusieurs jours un classeur bleu mais comme à l'accoutumée, l'argent manque à la maison. Quand il y en a, il est consacré aux besoins élémentaires. Ma réponse ou mon absence de réponse pour justifier le défaut de matériel est sanctionnée par une claque derrière la tête qui vient frapper le rebord de la table. Je garde une cicatrice à l'arcade droite comme souvenir de cette confrontation où je ne faisais absolument pas le poids. À la sortie de l'école, Sagui Cissoko m'attend. Il s'enquiert de mon état et je me confie naturellement à lui. Il baisse les yeux et me demande pardon. J'ai d'abord compris que nous étions pauvres avant d'apprendre que le noir de ma peau m'exposerait au danger. L'avertissement revenait de manière insistante dans la bouche de ton grand-père puis, de façon récurrente, dans celle de ta grand-mère : « Méfiez-vous d'eux ! »

Être un enfant ne protège pas ! Ton oncle a un an de plus que moi et il livre ses propres batailles. Il a maille à partir avec le système scolaire qui le disqualifie dès l'école primaire. À neuf ans à peine, l'institution le juge inapte à poursuivre une scolarité dite normale. Peu importent les traumatismes et l'absence de prise en charge qui expliquent son mutisme ou ses colères. Personne n'est là pour plaider sa cause : la machine à tri opère, impitoyable. Comme lui, ils sont une vingtaine de garçons à la peau brune, à de rares exceptions près, à être réunis dans des classes spécialisées. Et une fois que vous êtes à la marge, il est fort probable que vous y restiez. Au collège, avec d'autres camarades, nous appelions la classe de SES (pour « section d'éducation spécialisée »), la « section enfants sauvages ». À la stigmatisation de ceux qui sont mis à l'écart s'ajoute, dans le cas de mon aîné, la maltraitance physique et morale. Monsieur B. manie avec agilité la règle en bois. Il en détourne l'usage pour taper sur les doigts des élèves dont il estime le comportement inadéquat : « On se prenait aussi v'là les gifles. Combien de fois il m'a fait saigner du nez ! », me raconte ton oncle. Les enfants se gardent bien d'avertir les parents des mauvais traitements subis car ils seraient assurés de se prendre une torgnole de plus : le maître a toujours raison.

La voie professionnelle lui est précocement imposée. Mon frère aîné s'essayera à la cuisine, à la chaudronnerie mais abandonnera à chaque fois. Il n'était pas tout à fait prêt à voir ses rêves détruits par une réalité implacable. Ses rêves, lesquels ? Il ne les a jamais vraiment verbalisés. Enfant, il voulait faire du tennis. La désillusion fut grande face à la fin de non-recevoir opposée par ma mère. « Avec quel argent ? » J'ai le souvenir d'un aîné libre, malicieux et souriant quand, encore enfants, nous évoluions dans le monde d'avant le drame. Dans le monde d'après, il devint silencieux, secret, habité d'une colère sourde. Même l'orthophoniste renonça à lui faire cracher les mots. Comment dire le vide, la frustration, la violence quand elle vous tombe dessus, soudainement et avec une telle intensité ? On ne répare pas un individu quand lui-même ne comprend pas ce qui lui arrive. Bien plus tard, il a saisi l'opportunité de travailler dans la fonction publique. Il lui a fallu se contenter de peu, en s'estimant heureux que ce peu existe. Quelle outrecuidance que de rêver plus haut que sa condition !

Reprendre mes études était un souhait. Une occasion providentielle s'offrit à moi à presque trente ans et après une grave blessure qui m'obligea à mettre un terme à ma carrière de boxeuse. Le retour sur les bancs de l'école se fit à Sciences Po, qui ouvrait ses portes aux sportifs de haut niveau.

Les conditions de travail tant matérielles qu'humaines étaient pour moi inédites. Tout était fait pour que les élèves s'épanouissent et réussissent. Et j'étais prête à apprendre, ce qui ne fut pas toujours le cas au cours de ma scolarité où les aléas du quotidien prirent souvent le dessus. Je voue encore aujourd'hui une affection particulière à certains des professeurs rencontrés dans cet établissement et avec qui je suis restée en contact. Les cours dispensés m'apprirent comme nulle part ailleurs à ordonner et articuler ma pensée. Les conseils de l'un d'eux perdurent malgré le temps qui passe. Au début de ses cours, il avait pris l'habitude de nous mettre en garde contre la paresse et insistait sur la nécessité de s'astreindre à une rigueur quotidienne dans nos apprentissages. Il utilisait l'exemple du puits sans fond pour illustrer sa pensée : « Je ne voudrais pas vous abreuver de savoir et que celui-ci soit perdu une fois que vous avez passé la porte. » Une autre de mes professeures que j'aime particulièrement m'avait un jour demandé pourquoi je lisais. La question m'avait laissée sans voix. Je n'y avais jamais réfléchi. Finalement, après quelques jours, je lui avais envoyé un SMS : « Je lis quand je cherche des réponses. »

Encore aujourd'hui, je n'ai pas renoncé à vouloir comprendre. Et la paresse intellectuelle ne fait pas bon ménage avec la volonté de comprendre les évènements. Pour ce qui est du rôle de l'école, j'avais à l'époque trouvé des bribes de réponses dans *Le Meilleur des mondes*, d'Aldous Huxley : « Pourquoi ne faites-vous pas de chacun un Alpha-plus-plus[4] ? », demande un sauvage à Mustapha Ménier. « C'est une absurdité. Un homme [...] conditionné en Alpha deviendrait fou s'il avait à effectuer le travail d'un Epsilon-Semi-Avorton[5]. On ne peut demander qu'à un Epsilon de faire des sacrifices d'Epsilon pour la bonne raison que, pour lui, ce ne sont pas des sacrifices [...]. Son conditionnement a pesé des rails le long desquels il lui faut marcher. Il ne peut s'en empêcher ; il est fatalement prédestiné. »

Les lois votées par les gouvernements successifs ont des conséquences délétères et amplifient le phénomène de sélection par le portefeuille. La fin de la carte scolaire sous la présidence de Nicolas Sarkozy en est un exemple flagrant. Les parents dotés d'un important capital économique et culturel retirent leurs enfants des écoles situées dans les quartiers populaires, où l'enseignement est jugé de piètre qualité et l'insécurité inquiétante, pour les placer dans des établissements censés être plus performants. Les classes moyennes leur emboîtent le pas et les moins pauvres parmi les pauvres se serrent la ceinture pour en faire autant. Les sans-le-sou, quant à eux, restent sur le banc de touche. La conséquence flagrante de cette stratégie est la concentration d'élèves non blancs au sein d'un même établissement. Je participe au problème ! Avec ton père, nous avons décidé de t'inscrire dès la maternelle dans un établissement privé sur les conseils d'une de mes anciennes professeures. Pour moi, ça représentait un souci en moins à gérer à l'époque. L'idée de te remettre dans le public ne me quitte pas, malgré les années qui passent. J'éprouve de la culpabilité à l'idée d'aller à l'encontre de mes convictions. La réaction du directeur de l'établissement public dans lequel nous sommes sectorisés fut à la fois inattendue et abrupte. Il était venu parler de son école à la bibliothèque municipale où nous avons nos habitudes. C'était l'occasion de lui demander ce qu'il pensait de ton inscription dans son école. « Mieux vaut la laisser là où elle est », m'avait-il répondu… Quoi qu'il en soit, tu aimes ton établissement et les adultes qui le font vivre quotidiennement.

Le « quand on veut on peut » participe une fois de plus à réduire au silence ceux qui dénoncent le manque de moyens humains et matériels des écoles, le délabrement de leurs bâtiments, l'épuisement de professeurs investis mais dépassés par l'ampleur de la tâche et le manque de reconnaissance. Le « quand on veut on peut » est une insulte. Cette injonction nie la réalité du quotidien de ces adultes et d'enfants qui ne sont pas dupes. Lors d'une de mes interventions dans un collège de l'Essonne, l'un des élèves, surpris par ma présence pourtant programmée de longue date, m'interpelle :

« Vous n'avez pas peur madame ?

– Pourquoi, je devrais avoir peur ?

– Non mais c'est par rapport à ce qu'on dit sur nous. C'est pas pareil, ici ! »

Nombreux sont les élèves à m'avoir dit en substance : « On pensait que vous ne viendriez pas. »

Presque trois décennies se sont écoulées depuis mon propre passage au collège mais nos souffrances sont invariablement les mêmes. Le constat reste inchangé dans la plupart des établissements où je me rends. Au cours d'une rencontre, Fatou s'agite pendant que, devant sa classe, je fais l'éloge de mes parents, et plus globalement de nos parents exilés. L'adolescente murmure entre ses dents en signe de désaccord. Nul besoin de tout entendre pour comprendre. Fatou ose rompre devant témoins avec un principe élémentaire immuable : tu aimeras inconditionnellement ton père et ta mère. Moi aussi, j'ai mal aimé Massiré Dansira. L'auditoire retient son souffle. Tous attendent ma riposte, suspendus à mes lèvres. Une réponse s'impose, sur-le-champ ! Une idée me vient brusquement. La question s'adresse à tous les élèves mais c'est Fatou que je regarde en parlant :

« Avez-vous étudié la mythologie grecque ?

– Oui !

– C'est quoi un héros grec ? C'est celui qui est parti à l'aventure en laissant les siens derrière lui, sans garantie de retour. Il a bravé les dangers en faisant preuve de courage et de force. La mythologie grecque, c'est aussi l'histoire de vos parents. Vos parents sont comme des héros grecs. Tout dépend de la manière dont l'histoire est racontée et qui la raconte. Interrogez vos parents ! Demandez-leur de vous raconter leurs parcours, leur vie là-bas et ici, en France. C'est à vous de choisir vos héros ! »

Une lueur s'allume dans le regard de Fatou. L'imaginaire a pris le relais de mes paroles.

Fatou pleure. L'analogie a fonctionné. Elle provoque une prise de conscience soudaine qui autorise une autre interprétation de la narration officielle qui disqualifie les hommes et les femmes non blancs. À cet instant, les invisibilisés sont les personnages principaux du récit, ils redeviennent quelqu'un. C'est un début de réhabilitation pour ceux qui ne sont rien, pour leurs prédécesseurs et leurs descendants.

Les parents de Fatou sont originaires du Mali, tout comme les miens et ceux d'un grand nombre d'élèves de ce collège montreuillois. Mais combien, parmi eux, connaissent l'histoire des trois grands empires qu'étaient ceux du Ghana, du Mali et du Songhaï ? Qui a entendu parler de l'Empire mandingue ? Du règne de Soundiata Keïta ? En France, les livres d'histoire reconnaissent avec beaucoup de précaution que c'est lui qui proclama la première charte des droits de l'homme, au XIIIe siècle. Cette déclaration orale promouvait la liberté de croyance, le respect de l'intégrité physique, l'éducation, l'abolition de l'esclavage par razzia, la liberté d'expression… Mais malgré cela, l'Afrique ne serait pas rentrée dans l'histoire[6] ? Malgré cela, son histoire commencerait avec l'arrivée des Européens ? Dans le seul musée du Quai Branly,

70 000 objets d'Afrique subsaharienne sont conservés, dont 9 104 pour le Mali. Qui leur a dit, à ces adolescents, que ce continent trois fois plus grand que l'Europe n'avait jamais été pauvre ? Qui leur a dit que ce sont les richesses dont il regorge qui font son malheur ? Les éléments narcissiques qui pourraient les aider à grandir plus harmonieusement, en apprenant que leurs parents ne sont pas les enfants de rien ni de personne, leur sont méconnus ou volontairement tus.

Les victoires, même minimes, ne durent pas. L'arbitraire et sa volonté de soumission des corps sont implacables. L'arbitraire est en embuscade et frappe sans crier gare, comme à l'accoutumée. Un moment d'inattention et vous êtes fait ! La journée avait pourtant bien commencé. Dans cet autre établissement d'Île-de-France, les élèves avaient effectué un formidable travail en amont de ma visite. Ils avaient préparé des questions, fait des dessins, écrit des poèmes, des lettres. Je les avais exhortés à s'accrocher, à faire preuve de courage, de détermination, d'endurance. Ils avaient dit leurs inquiétudes, parlaient des injustices qu'ils subissaient, de leur défiance envers la France. « Mais Madame, on n'a pas tous les mêmes chances ! » « Je sais, leur avais-je répondu, comme presque à chaque fois. Et c'est la raison pour laquelle vous devez en faire plus. Ça n'est pas juste mais c'est comme ça ! » La parole était libre et bienveillante. On pouvait tout se dire ou faire le choix du silence. À chacun d'occuper ce temps de discussion comme bon lui semblait. Mais le répit est de courte durée pour nous autres. Il suspend momentanément et superficiellement le cours du temps et des évènements avant un retour à la normale. Gare à celui qui baisse la garde. La réalité me rattrape brutalement à peine sortie du collège. Les images défilent sur l'écran de mon portable à peine rallumé. Le découragement me gagne : des lycéens à genoux, les mains croisées derrière la tête, encerclés par les forces de l'ordre. « Voilà une classe qui se tient sage. » Toujours cette même volonté de dompter, d'humilier, de réduire à rien nos corps, les corps de nos enfants. La colère prend le pas sur l'abattement. Il est impossible d'en faire l'économie.

Absolument rien ne change ! Avec ton oncle, la pudeur nous a longtemps empêchés de nous parler. Nos anniversaires et le Nouvel An sont les rares occasions où l'on rompt le silence en utilisant des mots qui témoignent d'une affection réciproque, avec une propension à se les écrire plutôt qu'à les prononcer, de peur de renoncer à cet élan en cas de face-à-face. Lors d'une de nos discussions, il s'inquiète pour ses deux fils adolescents. Les mots se bousculent et se cognent pour sortir de sa bouche quand il évoque les souvenirs de ses expériences avec la police. Les contrôles d'identité arbitraires débutent à ses treize ou quatorze ans, entre le chemin de l'école et la cité, qu'il soit seul ou avec ses camarades. Les agents en uniforme parlent mal. Pas de « bonjour » ni même d'explications sur les raisons qui justifient de tels contrôles. Les adolescents doivent se soumettre à des palpations en public et à un usage permanent de la force. Ton oncle est parfois contrôlé deux ou trois fois par jour, souvent par la même patrouille.

La colère est nourrie par un sentiment d'humiliation. Plus d'une fois, mon frère préfère prendre ses jambes à son cou pour éviter de finir au poste. L'arbitraire frappe constamment. Il n'y a pas de répit, pas de trêve. Une descente de plusieurs fourgons de policiers débarque dans la cité : tous au poste, où ils sont soumis à un fichage en dehors de tout cadre légal. La liberté contre une photo et la prise des empreintes digitales… Les amendes s'accumulent pour outrage à agent car il faut fermer sa gueule face à un régime d'exception et ne surtout pas exiger le respect de la loi par ceux qui en sont les dépositaires. Mais ton oncle est aussi un Bambara : ceux qui ont refusé de se soumettre.

Il n'est pas rare qu'un policier se dise offensé par ce jeune homme noir qui refuse de se plier à son autorité inique. Un jour, un agent lui réclame 500 euros pour laver l'affront. Il faut départager les parties. Une femme qui appartient à l'institution les auditionne tour à tour et condamne ton oncle à payer 50 euros tout en reconnaissant à demi-mot un abus de pouvoir du policier. Mais pas question de blanchir complètement mon frère pour ne pas délégitimer son collègue. L'arbitraire a un coût financier. D'autres membres des forces de l'ordre réclament leur dû, des espèces sonnantes et trébuchantes pour réparation d'un préjudice moral subi. Les raisons sont le plus souvent fallacieuses mais les amendes s'accumulent. Ton oncle doit revendre une voiture récemment acquise pour solder ses comptes avec l'État. Rien ne change entre hier et aujourd'hui. Les agissements de la police restent les mêmes, l'impunité aussi. Même si l'utilisation de l'image permet désormais de témoigner des pratiques des forces de l'ordre et des réalités subies par les victimes, à défaut de sauver ces jeunes hommes de la matraque. Alors, pour protéger ses deux garçons, ton oncle limite leurs sorties, les empêche de sortir seuls et d'occuper l'espace public, de crainte qu'une rencontre fortuite avec des agents tourne mal. Être un enfant ne protège pas !

Le Blanc et le non-Blanc sont de vieilles connaissances. La gestion des corps non blancs ne peut pas être comprise si on fait l'économie de notre histoire : celle de l'esclavage et de la colonisation. Nous sommes pour beaucoup les descendants de populations esclavagées et colonisées pour les uns, colonisatrices pour les autres. Cette domination a été rendue possible par la violence mais aussi par l'édiction de lois raciales déshumanisantes, animalisantes, chosifiantes, dont les effets délétères sur les corps non blancs agissent insidieusement aujourd'hui encore. Il est donc indispensable d'interroger la façon dont la société française est organisée, hiérarchisée, classée pour combattre le racisme structurel et les discriminations systémiques.

Ce passé en commun participe à la perception que l'institution policière a de ces hommes et commande le niveau de violence dont il faudrait faire usage pour maîtriser ces corps perçus comme dangereux car indomptables, si ce n'est par la force. En 1925, une institution de contrôle est créée, qui leur est ainsi entièrement consacrée : le Service des affaires indigènes nord-africaines de la préfecture de police de Paris. Sa section policière est rendue célèbre grâce à la Brigade nord-africaine (BNA), chargée de la surveillance des Nord-Africains. Plusieurs membres de cette brigade travaillaient auparavant dans les colonies et continuent d'appliquer le Code de l'indigénat sur le territoire hexagonal. La BNA est finalement dissoute à la Libération pour faits de collaboration : nombreux furent les hommes de cette unité à avoir prêté main-forte à la Gestapo parisienne. La BNA est l'ancêtre de la Brigade anti-criminalité (BAC), dont la mission officielle est d'intervenir dans les quartiers sensibles pour veiller à l'ordre public ou le rétablir. La police française est encore aujourd'hui phagocytée de l'intérieur par l'extrême droite. Elle est largement acquise à ses idées et vote en conséquence. Les propos tenus par un représentant syndical, lors d'une émission diffusée sur une chaîne du service public à une heure de grande écoute, témoignent de l'impunité et du caractère systémique du racisme dans les rangs des forces de l'ordre : « Bamboula, ça reste encore à peu près convenable. »

*

Une partie de tes aïeux sont des juifs ashkénazes qui, au XIXe siècle, ont fui l'Ukraine pour ne pas périr. Ils ont choisi de vivre en France. Là d'où ils venaient, les juifs vivaient en autarcie dans des petits villages appelés *Shtetl*. Cette vie en communauté les empêchait de se diluer au sein de la population indigène. Selon ton père, ton nom de famille signifierait « coupeur de tissus ». Le coupeur était mieux considéré que le tailleur car il avait le choix de l'étoffe. Le quotidien était misérable. Les juifs étaient victimes de pogroms et d'expéditions punitives au cours desquelles les autochtones détruisaient, pillaient et tuaient en toute impunité, avec la complicité des gouvernements et de la police. Les juifs étaient les coupables désignés en cas d'épidémie et de crise politique ou financière. Les pogroms étaient aussi une façon radicale, pour les débiteurs, de résoudre leur insolvabilité ou d'éliminer la concurrence. Les représailles pouvaient partir d'une simple rumeur. L'une des plus illustres était celle du meurtre rituel. En cas de disparition d'un enfant, le bruit courait que les juifs l'avaient enlevé et avaient utilisé son sang pour la fabrication du pain azyme, un aliment à base d'eau et farines pétries.

Le premier de tes aïeux à fouler du pied le sol français fut Lazare. Il s'établit en région parisienne. Selon l'arbre généalogique transmis par ta grand-mère paternelle, Lazare épousa Sophie Kriner, avec qui il eut deux enfants : Mardoché et Leib. Mardoché épousa d'abord Feiga Jackersohn, avec qui il eut un fils, Robert, né le 6 octobre 1910. Devenu veuf, Mardoché épousa Rose Praeter en secondes noces. Ils eurent ensemble Nathan, Sarah Rachel et Camille, né le 28 janvier 1918. Ce dernier épousa Benvénida Montoya. Ensemble, ils devinrent les parents de ton grand-père Jean-Claude, né le 23 mars 1939 à l'hôpital Rothschild, à Paris. Pendant la Seconde Guerre mondiale, Mardoché et Rose, Hirche[7] [probablement Robert], Nathan et Sarah Rachel « ont été déportés en Allemagne en août 1943 par les autorités occupantes, et depuis cette date aucunes nouvelles ne nous sont parvenues, tant officielles que des intéressés », comme l'affirme le certificat délivré le 5 juillet 1945 par l'officier d'état civil de la ville de Nogent-sur-Marne, où ils résidaient.

Leur souvenir est évoqué par François Cavanna dans son livre *Les Ritals*, paru en 1978 : « La jeunesse de Nogent pratique des sports chics et sains à l'Alsacienne et Lorraine de Paris (l'ALP), qui se trouve au Perreux, au bord de la Marne. Il y a bien, à Nogent, l'USM, l'Union des sauveteurs de la Marne, inamovible champion de France de sauvetage, mais c'est assez canaille, et il y a du juif, là-dedans, la famille Shermann, notamment, qui vend de la savonnerie sur les marchés. Nana[8] Shermann a été longtemps en classe avec moi. Je les connais bien, Rachel qui a un jules et un tandem, et Jojo[9], l'aîné, un athlète rigolard qu'arrête pas de foutre les gens à l'eau. Je les trouve plutôt marrants, Nana est un copain au poil, la mère Shermann, avec son chignon noir corbaque, a l'air, parmi ses pyramides de savonnettes, d'une mamma napolitaine comme on voit dans les films. »

Des décennies plus tard, la suite prit la forme d'un échange épistolaire entre Cavanna et ton oncle paternel. Il avait entrepris des recherches sur ses ancêtres dans les années 2010 et nous lui devons la plupart des documents retrouvés :

Cher Monsieur Chermann[10],

J'étais enfant quand votre famille étalait ses savonnettes et ses brosses à récurer sur le parvis du marché de Nogent au coin de la rue X[11] et de X. Je me rappelle fort bien « la mère Chermann et son chignon », mais aussi de Nathan (Nana, avec qui je suis allé à l'école dans la même classe), et aussi l'aîné, Georges (Jojo) avec qui nous faisions les cons à l'USM (Union des sauveteurs de la Marne) et aussi leur sœur (Rachel ?) et ses flirts.

Pardonnez mon écriture, je suis atteint de la maladie de Parkinson et ne juge pas utile d'apprendre à taper à mon X.

Je ne vois pas ce que je pourrais vous apprendre de plus, n'étant pas des intimes de la famille. En particulier, je ne me souviens plus si Madame Chermann était présente le jour où le monde s'est écroulé (en 41).

C'étaient des braves gens, bien vivants et pleins d'humour. On les aimait beaucoup à Nogent.

Voilà. C'est maigre, ça peut démarrer une piste.

Bien à vous.

Cavanna

Être français ne protège pas de l'arbitraire raciste ! Ton arrière-arrière-grand-père, Mardoché Chermann, fut naturalisé français le 29 juin 1926, à Paris, sous la présidence de Gaston Doumergue, alors que Pierre Laval était garde des Sceaux. Mardoché Chermann et Pierre Laval ne le savaient pas encore mais leurs destins étaient funèbrement liés, le second devenant le principal instigateur de la mort du premier. D'abord homme de gauche, Laval devint, au fil de sa carrière politique, une figure de la droite anticommuniste. Il culmina en cumulant les fonctions de chef du gouvernement, ministre des Affaires étrangères, de l'Intérieur et de l'Information sous Pétain. Avec le maréchal, il fut la cheville ouvrière du régime de Vichy, le planificateur de la politique de collaboration avec l'Allemagne nazie et l'instaurateur de la Solution finale en France, qui avait pour visée l'extermination des juifs d'Europe. Son discours du 22 juin 1942 n'est pas très éloigné de ceux qui, aujourd'hui, brandissent la menace « islamogauchiste » pour justifier des politiques racistes et islamophobes : « Je souhaite la victoire de l'Allemagne, parce que, sans elle, le bolchevisme demain s'installerait partout. » Dans un télégramme envoyé aux ambassades françaises le 30 septembre 1942, il justifia les déportations en affirmant que c'était l'ultime solution : « Le seul moyen de conjurer le péril juif était le rapatriement de ces individus dans l'est de l'Europe, leur pays d'origine. »

Être un enfant ne protège pas ! Les Allemands n'en veulent pas dans un premier temps : ils exigent les juifs de seize à quarante ans. La condamnation des enfants à une mort quasi certaine est le fait de l'État français. Les moins de seize ans sont proposés à la déportation par Laval pour des raisons pratiques. Qu'en faire en l'absence de leurs parents ? Plus de 6 000 enfants sont déportés en 1942 : un peu plus de 1 000 ont moins de six ans, 2 557 entre six et douze ans, et 2 464 entre treize et dix-sept ans. Au cours des années qui précédèrent la déportation des juifs, des dizaines de lois et d'ordonnances furent votées pour les isoler et en faire des parias au sein de la société française. Un travail insidieux et progressif de stigmatisation et d'exclusion. Les juifs furent bannis de la fonction publique puis des professions commerciales et industrielles dès octobre 1940. Leur recensement débuta à la même période. L'existence de fichiers pour répertorier les juifs, tout comme le port de l'étoile jaune dans l'espace public pour les plus de six ans, rendu obligatoire à partir du 7 juin 1942 dans la zone occupée, facilita les rafles à venir. La survenue du mal fut rendue possible par des lois d'exception mais aussi par l'indifférence de ceux qui en furent les témoins passifs et, pire encore, par l'existence de délateurs, des Monsieur et Madame Tout-le-Monde capables de dénoncer leur voisin de palier. Entre trois et cinq millions de lettres de dénonciation furent envoyées aux autorités entre 1940 et 1944.

En 1943, 11 000 juifs étrangers furent déportés depuis la France. Mais la déportation concerna aussi les juifs naturalisés : ce fut le cas de Mardoché, naturalisé français en 1926, et de Hirsch, Nathan et Sarah Rachel. Ils furent internés pendant près d'un mois dans le camp de Drancy avant d'être déportés et exterminés à Auschwitz. En 1944, 17 000 juifs furent tués. En tout, près de 78 000 juifs, dont 11 000 enfants, furent déportés de France entre mars 1942 et août 1944. Parmi les déportés, 85 % furent arrêtés par les forces de police françaises. La guerre fit soixante millions de morts, dont cinq à six millions de juifs.

À la suite de leur déportation, Mardoché, Rose, Nathan et Sarah Rachel ne rentrèrent pas chez eux et aucun de leur corps ne fut retrouvé.

L'administration française établit par la suite des documents qui attestent de leur disparition et leur octroient le statut de déportés politiques.

DÉCISION portant attribution du titre de DÉPORTÉ POLITIQUE en date du 14 février 1963
Monsieur CHERMANN Mardoché
Période d'internement prise en compte : du 7 août 1943 au 1er septembre 1943
Période de déportation prise en compte : du 2 septembre 1943 au 7 septembre 1943

DÉCISION portant attribution du titre de DÉPORTÉ POLITIQUE en date du 14 février 1963
Madame CHERMANN née PRAETER Rosa
Période d'internement prise en compte : du 7 août 1943 au 1er septembre 1943
Période de déportation prise en compte : du 2 septembre 1943 au 7 septembre 1943

ACTE DE DISPARITION en date du 8 décembre 1949
CHERMANN Nathan
Interné à Drancy. Déporté Auschwitz (Pologne) par le convoi parti de Drancy le 2 septembre 1943.

ATTESTATION DE DISPARITION en date du 25 janvier 1962

CHERMANN Sarah Rachel
Internée le 6 août 1943 à Drancy, déportée vers Auschwitz (Pologne) par le convoi parti de Drancy le 2 septembre 1943.
Aucune nouvelle de l'intéressée n'est parvenue à l'administration, qui n'a pas été informée de son retour à son domicile.

Les soldats des colonies furent enrôlés dans cette guerre qui n'était pas la leur. Comme pendant la Grande Guerre, la France mobilisa, dès le début du conflit, les sujets de son empire. En 1939-1940, 178 000 Africains et Malgaches et 320 000 Maghrébins furent appelés pour rejoindre l'armée régulière française et combattre l'occupant. Parmi tous ces hommes, 21 500 Africains et Malgaches, et 16 000 Maghrébins moururent pendant la guerre, et 25 000 Africains et Malgaches, et 18 000 Algériens furent faits prisonniers. D'abord internés dans des camps allemands en France appelés *Frontstalags*, ces détenus furent condamnés aux travaux forcés comme « travailleurs libres », puis « recrutés » pour construire des fortifications sur la côte méditerranéenne.

En 1945, les troupes coloniales furent de tous les combats pour la libération du continent.

Peut-être que Faly Cissoko, ton arrière-grand-père, faisait partie des tirailleurs sénégalais qui libérèrent Paris ? Je l'ignore mais à la fin de la guerre, il rentra au Mali avec son casque de soldat pour seule récompense. En 1944, il échappa au sort de ses compagnons d'armes, qui furent fusillés par des militaires français au camp de Thiaroye, dans la périphérie de Dakar, au Sénégal. Leurs corps furent jetés dans des fosses communes. Ces hommes avaient eu l'outrecuidance de réclamer le paiement de leurs indemnités pour avoir risqué leur vie dans une guerre qui n'était pas la leur. Ce crime prémédité fut maquillé en rébellion armée pour justifier le massacre. Le nombre des victimes diffère selon qui tient les comptes : entre 35 et 70 selon les militaires français, et entre 300 et 400 selon l'historienne Armelle Mabon.

Pour en revenir au côté paternel de ta famille, en 1943, Camille et Benvénida se séparent pour des raisons qui leur appartiennent. Ton grand-père est élevé par sa mère. Elle est tour à tour ouvreuse au théâtre Louis-Jouvet puis serveuse à l'Opéra de Paris. Jean-Claude est un élève brillant. Encore adolescent, il a pourtant failli interrompre ses études car l'argent manque à la maison et qu'il est en âge de travailler. Quand il prend connaissance de ses bulletins de notes, le typographe qui doit l'embaucher plaide sa cause auprès de Benvénida pour la convaincre de le laisser poursuivre sa scolarité : « Tenez encore six mois ! Et si votre situation ne s'améliore pas, je le prendrai. » Grand bien lui en prend ! Ton grand-père va à l'université et il soutient le 24 juin 1967 une thèse sur les « antigènes des formes Rough des Enterobacteriaceae. Séparation, nature chimique, propriétés toxiques et immunologiques ». Devenu docteur ès sciences naturelles, il intègre l'institut Pasteur.

Dans les années 1960, Jean-Claude est l'un des premiers chercheurs français à travailler sur les rétrovirus. C'est dans son laboratoire que le virus du sida est isolé. Il est aussi un précurseur dans le traitement du VIH en étant le premier au monde à tester une molécule antirétrovirale, l'HPA-23, mise au point avec des chimistes avant l'apparition du virus. Le test immunologique ELISA, qui décèle les anticorps fabriqués par le corps en cas d'infection, est lui aussi mis au point dans son laboratoire, au grand dam des Étatsuniens, avec qui l'équipe de Pasteur est en concurrence. Ton grand-père claquera la porte du laboratoire et de l'institut quand le politique sommera l'équipe de partager la paternité de cette découverte avec ces mêmes Étasuniens. Ce choix lui a vraisemblablement coûté le Nobel, décerné plusieurs décennies plus tard à son élève et au directeur du laboratoire, dont le rôle avait avant tout été administratif.

Danielle, la femme de Jean-Claude, fille de cheminots, est tout aussi brillante : dans sa jeunesse, elle obtient une maîtrise en biologie. En de nombreux points, ta grand-mère paternelle ressemble à Massiré Dansira. Elle est droite, rigide, intelligente, attachée à l'ordre et à la discipline. Elle est aussi une figure sacrificielle. Danielle interrompt ses études avant le doctorat à la naissance de ton père. Et il faut subvenir aux besoins du couple pendant que ton grand-père continue à étudier. Elle est professeure à l'université puis dans un lycée prestigieux à Versailles. Elle arrête définitivement de travailler à l'arrivée du second enfant pour tenir sa maison et ses hommes.

Des hommes qu'elle tient comme elle peut, du mieux qu'elle peut et qu'elle entoure d'un amour inconditionnel. Ta grand-mère paternelle a toujours été de leur côté. Elle aime son mari. Et tout comme Massiré, elle aime ses deux enfants. Entre elle et moi, il y avait un accord tacite. Une sorte de pacte de non-agression où chacune reste à sa place. Quand nous venions la voir avec ton père, je prenais ma part dans les soins portés à sa maison afin que notre présence ne soit pas un surplus de travail pour elle. Je faisais comme Massiré Dansira m'avait appris. Ta grand-mère paternelle a une autre qualité, et pas des moindres. Elle n'a pas sa langue dans sa poche et j'aime cette disposition chez les autres. Elle dit ce qu'elle pense. Au moins, on sait à quoi s'attendre. Le propos pouvait quelquefois être acerbe mais j'étais allée à bonne école avec Massiré Dansira.

*

L'apnée est une discipline que je découvre et dont je réinvente les règles selon les circonstances. Ces lignes sont écrites en respirant la quantité d'air minimum au bon fonctionnement de mon organisme. Avec l'écriture, je prends conscience du pourquoi de nos silences, de nos colères soudaines et de la souffrance, souveraine. L'absence de mots, quand on se risque à vouloir les dire, alimente d'autres silences, d'autres colères. Et la souffrance, encore et toujours. Nos expériences respectives dépassent l'entendement. Chacun de nous est allé d'aujourd'hui à demain parce qu'il fallait faire. Un point c'est tout ! Nous avons de toutes nos forces investi le temps présent. Je comprends maintenant l'agacement de Massiré Dansira quand je l'abreuvais de questions sur le monde d'avant. Je voulais savoir, elle résistait : « Tu veux quoi encore ? » Je l'obligeais à pénétrer dans le long purgatoire qu'elle n'avait jamais tout à fait quitté. Dans quel état reviendrait-elle de cette excursion ? Il valait mieux affronter les fantômes d'aujourd'hui, au jour le jour.

À chaque jour suffit sa peine. Je saisis mieux les silences de ton grand-père paternel qui refusait de répondre à ton père. « Tu me fais chier ! » Le passé n'était que chaos et destruction. Il était dans la vie, pourquoi l'emmerder avec le passé ? Il n'y avait rien à en tirer ! Je comprends mieux les silences de ton oncle quand je l'interrogeais : « Tu peux pas comprendre ! » Il disait vrai, je n'étais pas lui. Comment pourrais-je comprendre sa condition d'homme noir en France ? Nous nous débattions tous avec nos fantômes et personne ne se comprenait. Alors, tous, nous nous taisions.

Jusqu'à ce que je rompe avec cet accord tacite. Après-tout, on n'échappe peut-être pas à son destin, comme disait Massiré Dansira. J'ai été l'enfant qui parle, celle qu'elle n'a jamais réussi à faire taire : je voulais savoir, et par la suite comprendre, ce qui nous était arrivé. Donner du sens au chaos pour, finalement, rendre hommage aux morts en inscrivant leurs noms dans la mémoire des vivants.

Tu remarqueras que je n'ai de cesse de les nommer : leurs noms et prénoms attestent de leur humanité singulière, de leur filiation et de leur histoire. Ils ont existé. J'écris au nom de tous les tiens. Nos souffrances ne peuvent être inutiles, nos sacrifices ne peuvent être vains. Le jour viendra où tu seras à ton tour la dépositaire de ces récits. Ce matériel composite regroupe presque tout ce que je sais de tes ancêtres et de leurs histoires. Fais-en ce que tu veux ! Je brise une fois de plus le silence qui les entoure, pareil à une malédiction. On ne peut continuellement se débattre avec les fantômes des disparus. Les morts doivent cesser de hanter les vivants. L'écriture est probablement une façon de les dompter pour une coexistence pacifiée.

En vieillissant, je prends goût au silence. À l'inaction. Je romps avec cette cadence infernale imposée par cette société où l'individu doit produire sans cesse et toujours plus. Être toujours en marche. Il y a aussi ces absences soudaines qui s'emparent de moi quelquefois. Sache que tu n'es pas responsable. Tu n'y es pour rien ! Tout comme mon besoin important de sommeil. Tu n'y es pour rien non plus ! Le sommeil m'est indispensable pour m'aménager des trêves et mettre momentanément mon intranquillité en sourdine. Une fois de plus, refuser de savoir et de se confronter à soi-même est une posture probablement confortable. C'est s'épargner des batailles supplémentaires. À chaque jour suffit sa peine. C'est vraisemblablement de ça dont voulait me prémunir Massiré Dansira. C'est probablement aussi ce qu'avaient compris les ombres au corps abîmé par la prise de substances de mon enfance. Ils avaient vu clair dans ce monde qui n'était pas fait pour eux et tentaient de le fuir, au moins provisoirement.

Au commencement, entre ton père et moi, il y a un livre. C'est comme ça que débute notre histoire. Pour être plus précise, les premiers mots que nous échangeons portent sur un livre. Enfin, la discussion est unilatérale. C'est lui qui parle, pour me dire avec beaucoup d'enthousiasme à quel point il aime le roman que je suis en train de lire. Il me le prend des mains. Garder son sang-froid. Je temporise avant de relever la tête pour observer le visage de l'audacieux. Il enchaîne les phrases comme si de rien n'était : « Incroyable ! Vous savez que *De sang-froid* fait partie de mes livres préférés ? Il est posé sur ma table de chevet. J'ai la première édition française. Ce livre est un chef-d'œuvre ! Vous connaissez Truman

Capote ? » Il est intarissable. « Je ne savais pas qu'une boxeuse, ça lisait ! » « Vous pourriez être surpris ! », je lui réponds. Je réalise alors qu'il ne porte rien sous sa blouse blanche. Enfin, il est torse nu sous sa blouse. C'est de mauvais goût. Lui, c'est le neurologue spécialiste des commotions dans le sport que mon avocat m'a demandé de voir. Je sors d'une grave blessure et d'une longue rééducation à la suite d'une fracture des cervicales avec complications postopératoires. Tout ce qui m'importe est d'obtenir l'autorisation de remonter sur le ring. À la fin de ce rendez-vous, ton père douche mes espoirs : « Ça ne va pas être possible ! »

L'indifférence est le terme approprié pour parler de notre première rencontre. Je concède tout de même un soupçon de curiosité de ma part. Mais ton père n'est pas mon genre : la différence d'âge joue en sa défaveur, il est un brin arrogant et je le devine charmeur. Nos mondes sont trop éloignés : c'est un bourgeois, je suis d'origine modeste ; il porte des mocassins, je ne jure que par les Air Max 1 ; il est extraverti, je suis réservée ; il est spontané, je suis réfléchie. Et ça n'est tout simplement pas le bon moment ! Les hommes ont la fâcheuse habitude de vous rendre la vie plus difficile qu'elle ne l'est déjà (nous rediscuterons en temps voulu de cette affirmation). Presque deux années s'écoulent avant que nous envisagions une véritable histoire. Nous faisons le choix de vivre chacun de notre côté jusqu'à ce que tu viennes au monde. Après ta naissance, le schéma de couple reste peu ou prou le même. Trop indépendants l'un et l'autre ! Notre relation est pourtant une réussite : ensemble, nous avons grandi et progressé avant de cheminer chacun de notre côté. Ton père a recollé avec son histoire familiale en même temps que j'explorais la mienne. Il n'a jamais eu le sens de la mesure : il est entier, c'est tout ou rien ! Son affaire est devenue presque obsessionnelle. Il s'est mis à examiner avec ardeur et excès chaque interstice de sa filiation et de sa part d'identité juive. Jusqu'ici, nos histoires respectives avaient su se faire discrètes : le présent imposait désormais sans partage son autorité. Mais peu importe ! Nous avons réussi notre histoire : tu es là mon amour.

Quoique, pour être tout à fait honnête, la candeur de ton père avait fini par m'exaspérer. Il se mouvait avec tellement d'aisance dans un monde taillé à sa mesure quand j'étais continuellement sur mes gardes. Sa facilité à tout prendre avec désinvolture contrebalançait ma gravité mais avec les années, elle m'irritait de plus en plus. Lui ne voyait pas ou feignait de ne pas voir la position dans laquelle me mettait notre association improbable. Ma personnalité comptait peu pour ceux que nous croisions. J'étais à leurs yeux la belle femme noire au destin tragique qui fut sauvée de sa condition en s'acoquinant avec le bourgeois blanc. Ton père s'est senti tout drôle le jour où il a reçu une invitation au nom de Monsieur Cissoko... Ce costume était trop étroit pour moi. Devoir le porter est l'une des raisons de notre séparation. Elle était indispensable pour que je puisse être à nouveau moi-même, regagner une liberté individuelle qui m'octroie le droit de penser par et pour moi-même en réinvestissant le « je ».

« Le monde est vieux mais l'avenir sort du passé », dit un proverbe mandingue. (Ton grand-père, Sagui Cissoko, est un Mandingue. Le Manduingue, ou Malinké, est un peuple du Mali, tout comme les Bambaras, les Soninkés, les Peuls, etc.) La connaissance de l'histoire est indispensable. Les hommes y puisent les ressources pour que tous restent des hommes. Nos souffrances ne peuvent être inutiles et nos sacrifices ne peuvent être vains. Le passé ne nous appartient plus, il est impossible de revenir dessus ou de corriger ce qui a été fait. Mais nous avons le devoir d'en tirer des leçons pour éviter de refaire ce qui a été mal fait et bâtir collectivement ce qui est devant nous. L'héritage des morts et les voix des survivants doivent être entendus. Massiré Dansira disait souvent : « Le monde ne s'est pas fait en un jour. » Élever un enfant n'est pas chose facile. Mon devoir de transmission exige un effort prolongé et soutenu, qu'il a fallu entreprendre tôt. « Quand l'enfant est vieux, il est trop tard ! », disait ta grand-mère. Récemment, tu m'as dit ma sévérité. L'instant d'après, j'étais la meilleure maman du monde. Trouver le juste équilibre est difficile ! Mon rôle est de t'armer pour que tu sois capable de faire sans moi, de faire tes propres choix et d'écrire ta légende personnelle. Il te faudra choisir ton camp qui sera, je l'espère de tout cœur, le parti de la vie et de celles et ceux qui luttent pour que tous les hommes restent des hommes. D'autres mènent ces luttes au moment même où je t'écris. Ces combats s'inscrivent sur le temps long : les victoires ne se dessinent jamais en un jour. Tu devras appartenir à ce groupe. N'oublie pas que les sacrifices passés doivent aboutir à des changements bénéfiques. Le jour viendra aussi où tu n'auras plus beaucoup de temps à me consacrer, et ce sera dans l'ordre des choses. Je sais que tu ne m'appartiendras jamais tout à fait. Je l'ai compris très tôt, tout comme ma mère l'avait compris avant moi.

Mes ressources académiques et culturelles m'épargnent un grand nombre des difficultés rencontrées par ma mère. Mes conditions de vie ne sont plus celles de mon enfance. Elles sont confortables. Et tu ne manques a priori de rien, en tout cas matériellement. L'heure viendra bien assez tôt où tu nous reprocheras, à ton père et à moi, de ne pas avoir assez fait et ce sera dans l'ordre des choses. Ta vie ne sera pas la mienne. Et c'est tant mieux ! Le contraire me serait insupportable. Mais sache que ton appartenance de classe ne te protège pas du racisme. Tout comme mon ascension sociale ne me prémunit pas du racisme. La farce fut plaisante et je m'y suis accrochée un certain temps pour avancer. Parce que la somme d'efforts investis et les humiliations subies ne peuvent être inutiles. Mais la réalité est coriace et se rappelle à vous brutalement, sans crier gare, dans les situations anodines du quotidien. Posséder un capital culturel a priori important ne prémunit pas des représentations racistes. La blague, quand un parent de ton école me contacte pour savoir si je n'aurais pas un djembé à prêter. La bourgeoisie blanche n'aime pas les carnations de peau trop prononcées. Elle aime l'entre-soi. Me voilà en train de me faire haranguer par une dame alors que je tape le code d'entrée de mon immeuble : « Vous habitez ici ? Je ne vous ai jamais vue ! » Je lui oppose un silence avant de m'engouffrer dans le hall d'entrée. Nous vivons depuis des années dans la même copropriété, elle occupe le bâtiment d'à côté… La bourgeoisie blanche pense avoir l'exclusivité du bon goût. Plongée dans la lecture d'un des romans de Stefan Zweig dans la salle d'attente d'un laboratoire médical, ma voisine, ne pouvant plus se contenir, finit par interrompre ma lecture : « Vous lisez ça, vous ? » La bourgeoisie blanche peut être belliqueuse. Je m'assieds à côté d'un homme dans le métro. Il ne cesse de me mettre de discrets coups de coude dans le but de me faire changer de place ou me faire perdre mon sang-froid. Je sais par expérience qu'un esclandre serait sanctionné d'un triomphant « Tous les mêmes ! ». Je neutralise l'agresseur en bloquant son bras coupable avec mon propre coude et prends à mon tour un malin plaisir à appuyer avec force dans ses côtes tout en regardant droit devant moi et avec le sourire. Il finit par quitter la rame en me gratifiant d'un « Sale négresse ! » Je réponds du tac au tac : « La négresse est fière de l'être et vous emmerde. Passez une bonne journée. »

Le racisme des individus m'atteint encore parfois, mais il ne me blesse plus. Celui, plus sournois, produit par les institutions et ses représentants, me donne en revanche plus de fil à retordre. On le reconnaît plus difficilement. Et il passe aussi par toi. J'ai eu honte de Massiré Dansira, j'ai parfois fui sa présence pour qu'on ne nous voie pas ensemble. La même malédiction semble me frapper à mon tour. Te voilà qui te débarrasses de ma compagnie aux abords de l'école. Tu me largues avec un maigre butin, quelques mots lancés à la volée : « À tout à l'heure maman ! » Comme si ça ne suffisait pas, mon autorité est mise à mal par le maître ou la maîtresse : « À l'école, on nous a dit de faire comme ça ! » Mes oreilles sont en alerte pour glaner le moindre indice de rébellion de leur progéniture chez les autres parents : suis-je la seule à subir ça ? Il semblerait que mon cas ne soit pas isolé. Me voilà rassurée. Mais les trêves ne durent jamais ! J'élabore des stratégies pour ne pas me confronter à l'institution. À ton père de se prêter à l'exercice des rendez-vous. Sa parole aura probablement plus de poids. On l'écoutera. J'ai renoncé temporairement depuis que l'un de mes interlocuteurs s'est adressé à moi en me parlant très lentement et en détachant chaque syllabe comme si je ne comprenais pas le français. Les fiches de renseignement qu'on remplit chaque début d'année n'ont apparemment aucune utilité. Il n'y a pas de fin à l'humiliation. Massiré Dansira en son temps, moi aujourd'hui. Le statu quo, toujours.

La classe n'efface pas la race. J'ai pris l'habitude d'utiliser le nom de ton père quand je réserve une location ou que j'achète des objets sur un site de vente entre particuliers. Ce genre de tactiques d'évitement et de contournement ont pour but de préserver ma santé mentale. Il est impossible de monter sans cesse au front sans s'épuiser. Le sang-froid est une qualité indispensable pour garder la maîtrise de soi et de la situation. Pour nous qui sommes noirs, l'expression trop vive de nos émotions devient une preuve à charge, une caractéristique qui nous est propre. Nous sommes perçus comme colériques, le contraire des Autres. Il est convenu qu'eux pensent et savent articuler leurs idées. La forme plus que le fond. La mission civilisatrice des Blancs n'a pas de fin. Le sommet parle à la base : nous demeurons des enfants, leurs enfants. C'est pourquoi nous avons tant besoin de moments où nous sommes entre nous, entre racisés. Des espaces où on peut tout se dire avec une économie de mots. Où on ne risque pas de voir notre parole mise en doute (« Tu exagères ! » ; « Ce n'est pas ce qu'il ou elle voulait dire ! » ; « Tu es trop susceptible ! » ; « C'est de l'humour »). Nous partageons nos vécus et nos réalités se confondent : « Toi aussi ? » Nous voilà rassurés ! Nous respirons enfin, nous en rions même. Nous n'étions pas fous ! Nous ne perdions pas la tête ! Une prise de conscience.

La France n'est pas les États-Unis, certes ! Mais l'Amérique est bien utile à la France pour qu'elle n'ait pas à faire face à sa propre histoire. Dès qu'il est question de racisme dans ce pays, on nous oppose le cas de l'Amérique blanche, comme si ses premiers colons n'étaient pas d'extraction européenne. Les violences subies s'inscrivent dans une histoire dont le point de départ est la conquête de territoires déjà habités et l'extermination de leurs populations afin de développer de nouvelles opportunités économiques. L'esclavage en est le résultat. La France n'est pas les États-Unis, mais elle fut à l'initiative de la traite négrière. Louis XIII autorise officiellement l'esclavage en 1642. Notre pays a déporté entre 1,6 et

2 millions de Noirs vers les Antilles (dont la Martinique, la Guadeloupe et sur toute la partie française de Saint-Domingue, devenue Haïti), mais aussi vers la Louisiane, la Guyane, l'île Bourbon (Réunion) ou encore l'île de France (Maurice), jusqu'à son abolition en 1848. La promulgation du Code noir, rédigé par Colbert père et fils et promulgué par Louis XIV en 1685, avait pour but d'organiser les conditions de détention et d'exploitation des esclaves par leurs maîtres. C'était un document de référence pour développer et structurer le commerce triangulaire au niveau européen. La France n'est pas les États-Unis ! Mais à l'esclavage succède la colonisation et la France est à la manœuvre. En 1884, elle participe avec treize autres nations européennes à la conférence de Berlin qui vise à organiser pacifiquement le partage du continent africain entre les différences puissances coloniales. Les peuples et dirigeants des États directement concernés sont bien sûr exclus des discussions. La France n'est pas les États-Unis ! mais elle fut prescriptrice. Le principe de race biologique est développé au XIXe siècle par le diplomate et homme politique français Arthur de Gobineau. Il défend la théorie de la supériorité de la race blanche, un argument qui justifie

la mission civilisatrice de la France dans un contexte d'expansion coloniale. L'institution politique s'adapte en permanence pour assurer la pérennisation d'un système économique qui se nourrit avant tout de l'exploitation des corps non blancs.

Des deux côtés de l'Atlantique, l'expérience raciale des Noirs est similaire. Nous sommes une communauté d'individus qui expérimente involontairement des mécaniques racistes à l'œuvre dans nos sociétés respectives, avec pour conséquences la pauvreté, la violence, la relégation sociale et économique, la prison, la mort prématurée. Dans le livre éponyme tiré du documentaire *I Am Not Your Negro*[12], Raoul Peck cite James Baldwin : « Toutes les nations occidentales se sont empêtrées dans un mensonge, celui de leur prétendu humanisme ; ce qui veut dire que leur histoire n'a aucune justification morale, que l'Occident n'a aucune autorité morale. [...] "Je suis peut-être infâme, déclare l'un des personnages de *L'Idiot* de Dostoïevski, mais je ne crois pas aux chariots qui apportent du pain à l'humanité. Car les chariots qui apportent du pain à l'humanité [...] peuvent très froidement empêcher une partie considérable de cette humanité de profiter de ce qu'ils apportent." [...] Pendant très longtemps, l'Amérique a prospéré. Cette prospérité a coûté la vie à des millions de personnes. Aujourd'hui, même ceux qui bénéficient le plus spectaculairement de cette prospérité ne sont pas capables d'en supporter les avantages : ils ne peuvent ni les comprendre ni s'en passer. Par-dessus tout, ils ne peuvent s'imaginer le prix payé par leurs victimes ou leurs sujets pour rendre possible cette façon de vivre. De ce fait, ils ne peuvent s'imaginer pourquoi les victimes se révoltent. »

La candeur est le privilège des Blancs. Leur racisme s'exprime pour la plupart à leur insu : ils ne se savent pas racistes ! Ils sont nombreux à refuser d'admettre que leurs propos ou leur posture peuvent l'être. Les ressources pédagogiques ne manquent pourtant pas pour ceux qui veulent s'instruire. Mais il revient aux victimes de les éduquer sans trop les bousculer dans leurs certitudes. Le Blanc est de nature susceptible et se sent vite agressé quand on le met face à ses contradictions ou à des éléments factuels qui ébranlent ses certitudes. Il bégaie mais n'en démord pas : il ne voit pas les couleurs. Tout le monde il est beau, tout le monde il est gentil... Acculé, il est sur la défensive : il n'est pas comptable du passé. Peu importe si hier commande aujourd'hui et que nous en subissons encore les conséquences. À court d'arguments, il emprunte le registre du pathos. Il se sent offensé, son honneur est bafoué. L'accuser de racisme ? Une honte ! Dans un formidable retournement de situation, le voilà devenu la victime. Il ne peut pas être raciste, il a un ami noir ou arabe ! Le totem d'immunité pour balayer d'un revers de main toute accusation fondée. Le raciste fourbe a développé tout un arsenal défensif pour disqualifier la victime trop loquace. Il fait diversion en tirant le niveau du débat vers le bas ou en faisant le procès de la victime : « C'est pire ailleurs ! », « De quoi se plaint-elle ? », « Elle devrait s'estimer heureuse d'être en France ! », « Ce pays est une chance ! ». Pour neutraliser son discours, il lui oppose l'argument du racisme anti-blanc et l'accuse de haine anti-Français. Le raciste assumé ordonne quant à lui à la victime de se taire ou l'invite tout bonnement à quitter le territoire national. La liberté d'expression a ses limites : « La France, on l'aime ou on la quitte ! » Il ne nous considère pas comme faisant partie intégrante du tissu national. Des pièces rapportées à l'obsolescence programmée ?

En toutes circonstances, la victime est sommée d'écouter indéfiniment le Blanc tout en le rassurant sur son appartenance au camp du progrès. Même chez les dits progressistes, les habitudes de domination ne se perdent pas : le Blanc veut continûment être juge et partie. Nos histoires sont portées par des hommes et femmes qui affirment se battre à nos côtés mais dont l'attitude participe à la perpétuation de notre infantilisation, de notre invisibilisation et de notre précarisation. Les luttes émancipatrices sont un nouveau marché sur lequel il est possible de capitaliser, pécuniairement et même narcissiquement. La candeur et l'opportunisme des Blancs ont un revers : la perpétuation de nos oppressions. Aux Blancs : soyez de véritables alliés mais laissez-nous faire !

Les mots sont importants ! Il faut se méfier de ceux qui les détournent ou les vident de leur sens ; ceux qui les manipulent en faisant le tri entre les termes que l'on peut utiliser et les autres qu'il faudrait bannir de la discussion. Les mots sont un enjeu primordial : ils commandent la narration en dictant ce qu'il est permis au plus grand nombre de savoir. Ils sont un instrument de pouvoir, de domination, de disqualification. Ceux qui sont à la manœuvre se plaignent de ne plus pouvoir rien dire mais crient à la censure dont ils seraient les victimes devant les caméras et sur les ondes. Avec ce qu'il faut d'incompréhension, de vindicatif et/ou de larmoyant dans le ton. L'entre-soi, habitué aux lumières des plateaux, est *pimpé* pour l'occasion. Il vomit sa logorrhée pour se donner les dehors de la raison et du courage : le choix des bons mots pour la forme et la roublardise pour occulter le fond.

Les ultracrépidariens, terme savant pour désigner les personnes qui donnent leur avis sur tout, sont les nouveaux résistants autoproclamés. Ils concentrent en eux « les trois grâces du racisme », selon la formule de l'écrivaine et réalisatrice française Mame-Fatou Niang : l'ignorance, le déni et l'arrogance, auquel j'ajouterais volontiers l'opportunisme et le mépris. Ils ne sont que l'émanation des quelques-uns qui défendent leurs intérêts après que les médias sont devenus leur propriété. Nombreux sont les journalistes consciencieux à avoir été écartés des antennes et interdits de micros, remplacés par des amuseurs ou autres tribuns démagogues dont le rôle consiste à assurer le statu quo. En ordre de bataille, tous assènent le même message pour en faire une vérité. La communication n'est que l'illusion de la vérité. L'omniprésence médiatique de ces bouffons de cour ne présage rien de bon. Ce ne sont pas nos mots qui sont durs mais les existences qui nous sont imposées. Ceux qui daignent interroger et combattre l'ordre établi sont coupables de crime par la pensée.

La gauche a abandonné ses principes en faisant le choix de s'enfermer dans des calculs à court terme. Une différence fondamentale distingue pourtant les deux courants politiques majeurs. La gauche considère que la société est intrinsèquement inégalitaire et que l'État doit intervenir pour tenter d'en corriger les effets ; la droite conçoit la réussite comme la récompense d'un mérite individuel. Ce postulat est censé commander les décisions politiques des deux partis : le progrès social pour le plus grand nombre d'un côté, le maintien des privilèges de quelques-uns de l'autre. Le ni gauche ni droite est par conséquent un non-sens. Gauche comme droite traditionnelles participent à la confusion et assurent le maintien au pouvoir d'un groupe restreint. Ces partis censément républicains ont réussi la prouesse de devenir plus virulents que ceux de la droite extrême en se livrant à une surenchère permanente sur fond de crise démocratique, économique, sanitaire et environnementale. L'abstention bat des records. Le sommet fait mine de parler à la base mais la base a déserté depuis bien longtemps.

Tout ça ne peut rien donner de bon, comme avait coutume de dire Massiré Dansira.

L'absence de projet politique ou, au contraire, la mise en œuvre de projets politiques qui vont à l'encontre des intérêts du peuple, sont masquées par la désignation de boucs émissaires chargés de faire diversion. La lutte des classes se meurt ! Parce que nous avons oublié l'histoire des luttes. La régression sociale est bien entamée. Parce que nous n'avons plus en mémoire le sacrifice des aînés. Ces morts ne peuvent être inutiles, leurs sacrifices ne peuvent être vains. Dans l'immédiat, face au mécontentement populaire, la primauté du Blanc est constamment rappelée afin de le rassurer sur son statut particulier (« On est chez nous ! ») tandis que des responsables sont désignés. Des boucs émissaires tout le temps, et de tout temps : les étrangers, les Arabes, les musulmans, les amis des musulmans, les « islamistes-wokistes-islamogauchistes-indigénistes », les antiracistes devenus racistes, les vrais laïques accusés de faire le lit du communautarisme, les « bien-pensants », les antifascistes devenus fascistes, les LGBTQIA+, les personnes en situation de handicap, les femmes, les étudiants, les pauvres, les juifs, les banlieusards, les assistés. Tous sont devenus la plaie de ce nouveau monde en marche.

La France voudrait que nous l'aimions d'un amour absolu, indéfectible, aveugle. Elle exige continuellement des gages de cette relation prétendument équitable tout en niant les conséquences de son attitude belliqueuse sur nos vies. La France veut que nous soyons sous son contrôle et à sa merci. Elle nous maltraite et s'offusque bruyamment que nous lui tournions le dos. Les mises à jour constantes du mythe national attestent de cette volonté de négation de nos existences et de nos contributions à faire de ce pays ce qu'il est. Le pays prétend vouloir soigner sans faire la genèse de la maladie. Nier les faits n'empêche pas leur matérialité. Nier nos vécus n'empêche pas l'existence de nos histoires. Nous, nous savons. Et nous n'avons plus peur.

La France pense que nous ne sommes rien sans elle et que nous lui devons tout. Nombreux sont ceux de ma génération à avoir cru au mérite républicain et à avoir durement travaillé pour en bénéficier. Mais la classe n'efface pas la race. Certains ont dans ces circonstances préféré quitter l'Hexagone pour s'épanouir ailleurs, sous des cieux plus cléments. Des pays plus pragmatiques, heureux de récupérer des travailleurs qualifiés, formés dans des écoles françaises. Massiré Dansira s'est sacrifiée pour que nous ne soyons pas comme elle : « Nous aussi, on aime nos enfants ! », disait-elle. Ma mère ne valait rien dans la hiérarchie des hommes de ce pays mais elle a réussi à faire de sa progéniture des adultes responsables. Il a suffi d'une seule génération pour que ses mômes soient diplômés, aient un métier, un toit au-dessus de leur tête et qu'ils fondent un foyer à leur tour. En somme, pour qu'ils mènent une vie normale. Une performance, quand on sait d'où Massiré a démarré. Mais les évènements peuvent mal tourner quand les derniers de la classe accèdent au tableau d'honneur et ont l'outrecuidance de prétendre à des métiers à forte valeur ajoutée en rétribution de leurs efforts. « Il en faut toujours un. Quand il y en a un, ça va. C'est quand il y en a beaucoup qu'il y a des problèmes », a un jour déclaré Brice Hortefeux. Le pouvoir n'a pas vocation à être partagé. Le pouvoir est la chasse gardée de ces quelques-uns. Mais nous n'avons plus peur. Nous n'avons plus peur car nos vies en dépendent : pour nous, c'est une question de vie ou de mort.

Quand on prend l'initiative de s'organiser entre nous, pour tenter de se libérer, même temporairement, de l'étau de la domination, on nous accuse de « communautarisme » ou de « séparatisme ». Mais les vrais séparatistes sont ces quelques-uns ! Ces quelques-uns qui continuent à s'enrichir indécemment, même en période de crise sanitaire globalisée. Peu leur importe le coût humain ou environnemental tant que l'affaire est rentable. « Un pays qui met l'individu au-dessus du bien commun ne peut rien donner de bon », disait ma mère. Les plus vils gagneront à ce jeu mais nous échouerons collectivement. Jamais Massiré Dansira ne donna raison à quelqu'un sur un mensonge, quitte à se fâcher avec un membre de sa propre famille ou à perdre au change. La communauté supplante l'individu, la vérité et l'équité en sont les ferments. Quand je ne faisais pas les choses en temps et en heure, ta grand-mère me disait : « À force de pisser au-dessus de ta tête, tu vas finir par t'arroser toi-même ! » Les hommes ont oublié que le présent n'a de sens que parce qu'il y a eu un avant. Et que le passé et le présent commandent le futur.

Le prix à payer fut incommensurable hier et le reste encore aujourd'hui. « La mort mettra tout le monde d'accord », disait encore Massiré Dansira. Assurément ! Mais nombreux sont condamnés à une mort prématurée. Nous ne sommes pas égaux face à la mort quand on a une existence laborieuse et qu'on est à la merci de ces quelques-uns. Toute sa vie, Massiré Dansira s'est accrochée au rêve du retour au pays. La France était une longue parenthèse et le temps viendrait où elle rentrerait au Mali pour retrouver les siens et profiter d'un repos tant mérité. Il n'en fut rien ! La mort a eu raison de ma mère. Je l'avais vue s'épuiser, son corps s'affaisser, ses mains s'abîmer, ses yeux se voiler sous le poids du travail. Il n'a jamais été question d'arrêter de besogner pour autant. « Qui va faire pour nous ? » Mais avant que le trépas l'emporte, l'inquiétude avait gagné ta grand-mère. Elle avait réitéré sa volonté d'obtenir la nationalité française, convaincue que ce bout de papier la protégerait d'un grand malheur qu'elle voyait se profiler. Massiré Dansira est morte en France à cinquante-huit ans, sur la base de la date de naissance inscrite sur sa carte de séjour.

La colère est légitime. Le ressentiment aussi. Mais il ne peut pas y avoir de vengeance. Personne ne sortirait indemne d'une confrontation. Tant les bourreaux que leurs victimes. Vainqueurs et vaincus seraient défaits. Pourtant, les victimes ne sauraient rester indéfiniment des victimes. Nous avons collectivement hérité de ce qui a été fait hier. Le passé commande le présent. Nous devons rompre avec la narration pour réparer les vivants et mieux appréhender demain. Massiré Dansira avait assez vite compris que nous ne sommes pas obligés d'aimer les Autres. Nous ne sommes pas ces Autres. La réciproque est aussi valable. Deux enfants peuvent sortir du même ventre et n'avoir rien en commun, comme elle avait l'habitude de dire. Mais nous vivons ensemble, nos destins sont liés, que nous le voulions ou non. Et la réussite des uns ne peut se construire au détriment des autres. Je parle encore d'égalité. Il est depuis le début question d'égalité et de justice sociale, à défaut de fraternité.

*

Beaucoup a déjà été dit. Tu ne m'appartiendras jamais tout à fait et j'en ai parfaitement conscience. Tu feras tes propres choix et c'est dans l'ordre des choses. Il te faudra être capable de dire non et de désobéir quand tu auras la conviction d'être du côté de la vérité. J'oubliais ! Être l'enfant d'un père blanc et d'une mère noire ne te confère aucun statut particulier et ton existence ne signifie pas non plus que nous soyons dans une société post-raciale. Les choix individuels ne remettent pas en cause des fonctionnements hérités de siècles de domination. C'est une des raisons pour lesquelles je t'élève comme une enfant française et noire, sans te tenir de grands discours. Tu restes d'abord une enfant. Et c'est un privilège que de pouvoir jouir de l'insouciance qui se rattache à cette période. Mais tu seras amenée dans l'avenir à prendre la suite des adultes.

La composition de ton environnement est consciencieusement pensée. Les nombreux éléments qui le constituent témoignent de ton identité noire et malienne. Tu grandis entourée de photos qui attestent de ta filiation, de poupées qui nous ressemblent ; tu es bercée par des chants, nourrie par des lectures… Ton père et l'extérieur, où tu es abreuvée d'images blanches, se chargent du reste ! Il ne peut y avoir d'innocence chez nos enfants : la candeur reste le privilège des Blancs. Retiens qu'il y a d'autres vécus, d'autres existences et qu'elles ne sont pas moins légitimes. Les mots ont un sens à condition de les confronter à la réalité. Tu es française et tu as des origines maliennes, espagnoles, écossaises, juives d'Europe de l'Est, et c'est formidable ! Tu es tout ça, mon amour, ma fille adorée. Ta condition d'enfant d'un père blanc et d'une mère noire sera parfois inconfortable et te vaudra probablement des réprobations des différents partis. Il n'y a pas de hiérarchie à faire, d'autres s'en chargeront sans doute. Mais toi, tu dois grandir en faisant tiens tous ces espaces, pour être forte. Ne renonce à rien ! Je veux que tu grandisses en sécurité, que tu sois libre d'aller et venir à ta guise, libre d'être « toi » dans ton entièreté : il n'y a pas à choisir entre être blanc ou être noir. Le fameux « N'oublie pas que tu es noire ! » de ma mère avait lui aussi pour but de me rappeler à la réalité pour que j'embrasse les différentes strates de mon identité et que je sois forte en étant entière. Le bipède atteint l'équilibre quand il est debout et marche sur ses deux pieds. Je veux que tu sois fière de ta grand-mère, Massiré Dansira, femme de ménage noire qui garda la tête haute pour qu'il en soit autrement pour ses enfants. Ils sont nombreux, comme ta grand-mère autrefois, à résister derrière des « Oui, Monsieur ! Oui, Madame ! » de façade.

Il est important de retenir que Massiré Dansira connaissait sa valeur malgré le sort qui lui était fait en France. Elle appartenait à un peuple qui a fait du *Danbé*, la dignité, une boussole pour le guider. Ta grand-mère n'attendait rien de ce pays, si ce n'est de percevoir un salaire en échange de son travail afin de pourvoir à ses besoins et qu'il puisse en être autrement pour nous. Massiré Dansira se savait être quelqu'un. Elle était une Bambara et les siens avaient survécu à plusieurs siècles de domination sans que les tortionnaires ne parviennent à détruire leur humanité et leur histoire. Elle pouvait supporter l'indifférence du Blanc mais pas l'absence de respect. Ta grand-mère avait compris que sa présence leur permettait de se donner de l'importance. Massiré Dansira savait qu'elle était quelqu'un et que le *Danbé* était son talisman immatériel, un corset qui lui permettait de se tenir droite. Tu sais maintenant d'où tu viens ma fille. Tu es l'enfant de ton père et de ta mère et de tous ceux qui les ont précédés. Une identité qui s'articule ici et ailleurs, une histoire de France.

Ce texte est un testament et une boussole pour t'aider à être forte. Un talisman que tu devras emmener partout, avoir en permanence avec toi pour te protéger. N'oublie jamais que tu n'es pas l'enfant de rien ni de personne : tu es la descendante des seigneurs bambaras, les *Mansa Den*. D'hommes et de femmes qui ont vécu le pire mais ont su rester dignes et reconstruire sur des ruines. Il te faudra aussi être curieuse, et apprendre encore et encore : la quête de savoir est sans fin. Il n'y a rien de pire que l'ignorance ! Être ignorant reviendrait à être à la merci de quelques individus qui te réduiraient à la portion congrue en faisant de toi ce qu'ils veulent. Il faudra avant tout que tous les hommes restent des hommes ! Il te faudra avoir des convictions et te battre pour les faire vivre. Avoir le courage de tes convictions. Le monde est vaste et il ne s'est pas fait en un jour : les victoires prennent du temps à se dessiner. Retiens aussi que la colère est saine à la condition que tu en fasses bon usage.

Il y a encore tant à dire… Voici un autre conseil destiné à t'accompagner, que me répétait sans cesse Massiré Dansira : « N'aie pas peur ! Personne ne peut t'obliger à être ce que tu n'es pas ! » Comme ma mère en son temps, je m'acquitte de mon devoir de transmission pour que tu deviennes quelqu'un. La mort ne s'annonce pas toujours et peut survenir à tout moment. Un dernier point important : que Dieu mette des gens bien sur ta route. Les rencontres et les individus sauvent. Et ils furent nombreux à nous conforter dans notre humanité. Tu dis souvent que je parle trop mais j'ai presque terminé ! Avec *Danbé* et *N'ba*, mes livres sont désormais à ta disposition pour écrire ta légende personnelle. Deviens quelqu'un ma fille unique, mon enfant adorée, mon amour. Deviens quelqu'un ! *N ye dugawu be i fɛ !* Mes bénédictions t'accompagnent.

Notes

1. El Hadji Ibrahima Diop, « Corporéité et race : l'histoire abrégée d'une construction et de ses fonctions usuelles », *Topique*, n° 137, 2016.

2. Voir Ahmadou Kourouma, *Allah n'est pas obligé*, Paris, Seuil, 2000.

3. Aya Cissoko et Marie Desplechin, *Danbé*, Paris, Calmann-Lévy, 2011.

4. Dans le roman, le groupe génétiquement programmé pour devenir la classe dirigeante.

5. La caste la moins enviable.

6. Référence au discours de Dakar de Nicolas Sarkozy, prononcé en 2007, qui fit polémique.

7. Retranscription exacte de l'orthographe du prénom inscrit sur l'acte délivré par l'officier de la ville de Nogent-sur-Marne.

8. Surnom de Nathan.

9. Probablement le surnom de Robert, également appelé Georges (et donc parfois Jojo) mais aussi Hirche ou Hirsch.

10. Les étrangers sont à la merci des officiers d'état civil. Ainsi Sissoko devint Cissoko, et Shermann, Chermann.

11. Illisible, comme les autres X de la lettre.

12. James Baldwin et Raoul Peck, *I Am Not Your Negro*, Paris, Éditions 10/18, 2018.

RÉALISATION : NORD COMPO À VILLENEUVE-D'ASCQ
IMPRESSION : IMPRIMERIE NORMANDIE ROTO
DÉPÔT LÉGAL : MAI 2022. N° 150697 (2201512)
IMPRIMÉ EN FRANCE